控制

游祥禾 的 14 堂人生課

脫鉤

從孤獨到感恩，拓寬你
無法擺脫控制的認知

U0002861

contents

目　　錄

自 序

　　如果，你已經活出生命，又何必將重心放在願望是否實現呢？何來的願望！

　　每一刻都活出生命的你，只有到這個時候，你才會完全體驗生命，放下過去你原本感到害怕生活的那一部分。

　　活出生命，不是一句口號。就算你相信這樣的說詞，美好依然遙遙無期。為什麼？因為你眼下的生活，就不是這樣輕鬆自在的體驗。真實的感受，遠大於虛幻催眠的想像。

　　想要真正的活出生命嗎？當然想！那麼你應該要知道，如何在每一天的生活、每一個時刻，與控制脫鉤，讓這些真實的脫鉤經驗，成為我們的解脫之道。

　　如何與控制脫鉤？你只有一個選擇——認知升級——。而那非關你是不是爭取當上總經理、你想與誰結婚、你的學歷需要有多高、今年一定要拿下全公司最優秀頂尖的銷售人員、成為知名的公眾人物……相反的，正是這些讓你的人生變得不再綻放光采。所以，做出那唯一的選擇吧！

　　一旦做出那唯一的選擇，你人生的道路已經變得清晰無比。

「嗯，我當然想活出生命啊，但你看看此刻的我如此狼狽，我的人生徹底失控了，因為我的妻子離開我，不再回來了。」

很多人感到沮喪、人生走不下去了，於是說出這樣的話語。這些話的背後意思是：我真的很想活出生命，但前提是我妻子必須在我身邊、不離開我。

第一次來與我對話的人，除了傾聽並給予祝福之外，我沒有辦法斬釘截鐵的告訴他，困擾已久的不是眼前這個問題本身，而是人根本無法接納自己認知以外的認知。問題的本身，沒有這麼複雜，你也不必感到如此憂愁，因為你心裡早已明白，所有、多數至今困擾你的這些問題，它們其實都在你的掌控之中，而非被它們控制著無法動彈。每個人的腦中，都有一套根深蒂固的認知偏好，造就了你眼前這一切的阻礙，這也是每一個人生活中最大的挑戰。

- 我覺得自己缺乏自信，請問怎麼樣才能培養自信？
- 我覺得自己有社交障礙，怎麼樣才能跟別人更好地相處？
- 覺得自己太敏感，別人不經意的一句話，我都會放在心上，很煩惱，怎麼辦？
- 我覺得他們都在談論我，說我壞話。
- 我覺得……

你的「覺得」很有事，你不覺得嗎？

許多問題，並非源於問題本身，你的「覺得」全來自於你對它們的認知方式。

例如：當你把「原生家庭」看作是一種枷鎖和壓迫時，你就會

把自己的生活,「建構」成一種對抗。這種建構,會反過來影響你的思維方式,讓你進一步感受到「自己被壓迫」了。

簡而言之:正是你把自己擺在「被迫接受的受害者」的位置,然後你就真正變成了一個受害者。

相反地,如果你接納一切「使我之所以為我」的因素,平等地看待過去的一切,把視角從「過去」轉移到「當下」,或許,那些長期持續在「壓迫」你的人事物,好像就變得緩解了許多。

是你在跟自己過不去,痛苦的是你自己,別人根本沒感覺

不止是原生家庭,自卑、親密關係、社交恐懼、職場關係、壓力焦慮、社會成就……許多問題,其實都是一樣的。

它們來源於哪裡呢?

認知。

是認知,造就了它們的誕生,你是事件的創造者。

這些問題確實給我造成了很大的困擾,但怎麼可能是「我自己造成的」?若真如此,如果知道出自於誰,理當可以輕易地解決啊?

自我覺察有多麼困難呀,當你覺察到問題出自於自己時,就已經解決一半了。

很多人根本走不到覺察這一步,還在怪東怪西到處碎嘴抱怨討拍

真正的問題,是根植於當事人內心的認知方式和思維框架。他們完全無法覺察到,別說脫鉤,反受其控制。

　　所以，最難以改變的是那些堅定地認為自己「沒有錯」、「沒有病」、「沒有問題」的人。

　　就像那些堅定地認為「我是為你好」的朋友；那些堅信「年輕人就該吃苦耐勞」的老闆；那些「你懂什麼，聽我的」的長輩……

　　而一旦你覺察到了，也就意味著「框架」已經「鬆動」了，下一步就是「脫鉤」了。

　　你已經完成了從「未知」到「已知」最難的這一步——其他的，不過只是認知升級、將升級的認知帶入生活中，身體力行罷了。

　　這，就是認知升級的力量。

2020.05.20　游祥禾於台北

當大家知道我要寫一本關於「控制」的書籍時，多數人直覺的
反應覺得內容應該跟家庭、關係的主題有關，這也是我最常跟大家
分享的，但這一次，家庭、關係都只會是點綴，我想談的是**認知**。

問題一：這個世界是怎麼理解控制？

「控制」這個題目，在我腦袋裡很多年了，卻一直找不出適當
的機會對外發表。一者是，我自己對這樣的主題還沒有夠深入的理
解，二者是，大家意識到的控制，依然停留在家庭、政策、法律層
面，我覺得時候未到。

談到「控制」確實能引起多數人的共鳴，之所以引起共鳴，是
因為在生活中，我們都能感受到無處不在的控制，既然大家深受控
制所苦，於是，我開始好奇這個世界是怎麼理解控制的？給出的解
藥又是什麼？

我在 Google 輸入關鍵字「控制」，短短 0.5 秒時間，出現了 7.5
億筆的資料。

它，是一部「電影」，這部電影我也有看過，所以我知道。

　　它，是「原著小說」、「遊戲控制器」、「車床控制」、「控制元件」、「金融內部控制」、「公職控制人員考試」、「成本控制」、「控制系」、「控制科」、「遠端控制器服務」、「最新3C控制元件」。

　　如果在 Facebook 輸入「控制」關鍵字，得到的訊息更少了，大多是一些「控制血糖」、「控制體重」、「控制食欲」的零星私人小社團，其他沒有了。

　　Google 及 Facebook 堪稱是目前世界上最偉大、最無所不能的兩尊大神，我很訝異，我們明明深受控制所苦，竟然連一筆關於「控制」的文章都沒有，這是合理的嗎？地球上七十億人口受控制所苦，這一股悶氣我們總得找到出口，但出口會是什麼？全成了私底下一對一的思想傳遞與自我解讀。

　　我繼續到百度搜尋關於「控制」，得到的結果是：「原著小說」、「遊戲控制器」、「車床控制」、「控制元件」、「金融內部控制」、「公職控制人員考試」、「成本控制」、「控制系」，與 Google 及 Facebook 一樣，如出一轍。

　　不論是 Google、Facebook 還是百度，談到的控制都是關於控制研發的公司，發表或出了一款多麼厲害的控制器，亦或者什麼控制元件、控制人員考試……

　　網路世界是我們人類社會的真實寫照，它直接反應了這個世界的普世價值，讓我們能夠在最快速的時間知道人類是如何理解這個世界。我們的思想軌跡，如實的呈現在網路世界裡，可是關於「控制」，卻毫無蹤跡。控制像個蜘蛛網，來自四面八方的將我們層層

圈住，大家不正受控制所牽累嗎？確實是，但卻無人談及。這不僅是有趣的現象，更是弔詭！

我以為「控制」早已是一個顯學了，但從 Google、Facebook 還是百度的搜尋中可以看出，這個世界是這樣理解控制的──從不理解。

問題二：我們受控制所苦

我們受哪些控制所苦？

關係、情緒、角色、原生家庭、工作、愛情、婚姻、親子、金錢、夢想、健康、法律、條款、政策……太多太多了，舉凡這些大概都脫離不了控制。

你去各大網路書局輸入「控制」兩個字，賣的書全部都是金融人員的相關書籍，銀行內部控制、控制工程最新試題、自動控制系統、公職考試：自動控制大補帖、輕鬆考證照：銀行內部控制人員基本能力測驗……當然還有《控制》原文小說。

我們想了解控制，想買書來好好了解，卻都不知道要去哪裡買！

身邊很多從事身心靈的教育工作者，我請教他們：「你們怎麼處理關於控制這個問題？」

從多數老師的課程文案或教學中看到他們對於控制的理解，主要還是著墨在關係、情緒、原生家庭：劃清界線──如何跟父母劃清界線、跟子女劃清界線、跟主管劃清界線。

然後呢？這依然不是我要的答案，所以懂得劃清界線，就可以不受控制了嗎？我們受到這樣的暗示與設定，開始跟所有關係劃清界

線。結果是，除了與關係更加疏離，反作用力而來的控制卻更加明顯，越想控制脫鉤越層層束縛，我們卻受到更用力的控制反噬了。

問題三：「控制」的目的是什麼？

既然，我們對於這個外在世界的「控制」有這麼多的感觸，那就先順著這樣的概念來理解控制。

「控制就是讓機器／政策／制度／規範／產能，達到最大最優化。」

比如說：投影機不能使用，我們無法再透過有效控制讓它產生最大化的效益，它失去了我們的控制、不再有效，這意味著投影機失控了。

我這十多年來在各個監獄裡演講，不敢說有上百場，但至少數十場肯定是有的。我印象深刻的是，有一個獄友，年紀只有小學五年級就來進修了。他長得很嬌小，就是一個小孩子，我問了他：「你為什麼會進來這邊？」

他說：「因為我殺我奶奶呀。」

我說：「啊！殺你奶奶？」我看著臉上滿滿像天使般笑容的孩子，開心地闡述著這件事情，全班跟著起鬨鼓譟。

「老師，沒有成功殺死啦，他奶奶只有受傷而已啦……」

如果不是因為在現場，實在無法想像這一群天真的小朋友，熱烈爭相地討論著誰殺了爸爸、誰又殺了媽媽。不論是少年觀護所，還是成年的男子女子監獄，我會問到：「你們有人是第一次來的嗎？」現場上百人，多數都是出去之後再進來的。

永遠都有這麼一群人。這次放 20 個人出去，不用多久時間，其中的幾個人又再進來了。「控制」的概念不就是要讓產品達到產能最大、最優化嗎？這些在校園、社會中不服管教的人們，我們將他們集中起來，嚴加控管，最後的結果是，出去了又再犯罪進來，為什麼他們沒有最大、最優化？

大至一個國家、企業，小至一個家庭、個人，為了讓每一個人得以最大、最優化，我們透過法律、政策、制度、規範、道德等來進行控制。這些控制，不但沒有讓我們成為自己，反對我們造成了傷害，帶來了反效果，成了最小最差化。

控制的概念除了來自關係、情緒、角色、原生家庭、工作、愛情、婚姻、親子、金錢、夢想、健康、法律、政策之外，有沒有可能還有其他的涵義？到底什麼是控制？有沒有可能跟這些議題沒有關係？我們對控制的認識真的太少了。

問題四：我不是要知道，有誰可以教我如何面對與擺脫。

如果，這本書寫的控制是關於如何擺脫父母親對我的控制、誰是控制狂、或者教你如何在各種關係中劃清界線、活在當下諸如之類的內容，這對我來說實在是沒什麼太大的意義，畢竟這類的概念或方向，我從學生時代就已經聽到現在了，難道讀者不會知道嗎？若真不清楚，上網查就能查到許多相關內容，你身邊的朋友們，甚至還可以各自表述他們的看法，跟你分享更多呢，我實在沒有必要在大家面前賣弄獻醜了。

如果有人問你：為什麼活著？你活著的目的是什麼？

　　我相信絕大多數人回答不出。我也回答不出。的確常常有人問我這個問題，他們說：「看你的書、聽你的演講，你又跟這麼多人對話過，對人生哲學應該是比我們更明白的，你一定知道自己為什麼活著。」

　　可是事實上，我在這方面之所以想得多一些，正是因為困惑比較多，並不比別人更明白。

　　在人生某一個階段，每個人也許會有一些具體的目的，比如升學、謀職、出國，或者結婚、生兒育女，或者研究一個什麼課題、寫一本什麼書之類。可是，整個人生的目的，自己的一生究竟要成為一個什麼樣的正果，誰能說清楚呢？

　　有些人自以為清楚。例如，要成為大富翁、總統，或者得諾貝爾獎。可是，這些都還不是最後的答案，人生目的這個問題要問的恰恰是，你為什麼要成為大富翁、總統，得諾貝爾獎？如果做富翁只是為了滿足物質欲，做總統只是為了滿足權力欲，得諾貝爾獎只是為了滿足名聲欲，那麼，這些其實只是野心、虛榮心，只能表明欲望很強烈，不能表明想明白了為什麼活著這個問題。

　　亞歷山大征服了世界，卻仍然羨慕第歐根尼，正因為他覺得在想明白人生這一點上，自己不如第歐根尼。真正得諾貝爾獎的人，比如哈里·馬丁松、海明威、川端康成，絕不會以得諾貝爾獎為人生目的，否則他們就不會自殺了。

　　這個世界上有沒有一樣東西，可以在一個人面對人生最低潮最痛苦的時候，擺脫重重束縛，重新站起來？光往這個方向去思考，就已經讓我感到興奮不已了。

期待你翻開這一本書的時候，這些內容不再只是論述著你所知道的某些理論，而是跟我一樣能夠開始去思考。

我不斷的思考，這東西會是什麼？靈光一現，是的，正是「思考」，一切都要從源頭處理，思考就是問題的源頭，而認知是思考的方向，所以你怎麼想就怎麼成為啊！

大家知道的理論已經很多很多了，但我不是要「知道」，唯有從認知調整，才能真正面對與擺脫，控制脫鉤，再次掌握人生主導權，活出生命。

控制心流

心流，就是你的心理流動。

「控制」心流、控制「心流」，請問兩句有什麼不一樣？

「控制」心流：這裡的「控制」是形容詞，受到控制的心理流動。心流處在一種受到控制、被動、已經、成為、完成的狀態。例如，媽媽突然跟你講了什麼話、爸爸傳了什麼訊息給你、老闆對你下了什麼命令、男朋友／女朋友對你說了一個消息，我們被動接受這些指令，此時心理流動因為外在的聲音、表情、事件、言語而產生明顯干擾，這些干擾成功控制了我們的思緒，我們也做出符合干擾的預期反應，這些反應在他人、權力者眼中，都成了良好的控制。

控制「心流」則反之。我們的心理流動不是被動接受，而是由我們主導，主動去執行自身的心理流動，不再因為他人有心、無意

的出招，一切皆由我們自己說了算。

在上述的問題四中提及，我不是要「知道」，而是有誰可以教我如何面對與擺脫？在這裡，剛好就為這句話做出了最直白的解釋：我不是要知道我的心流是如何被各種人事物所控制，我都知道我已經被「控制」了，但有沒有一樣東西，可以教會我如何從「控制」心流慢慢地轉而成為控制「心流」。

想要從被動接受控制到主動執行控制，唯有從源頭改變起，那就是認知升級。如此，才有機會重新定義人生下半場，從某種處處挨打的局面，改為主動執行，讓自己的人生獲得主導權，活出自己的人生。

意志是從我們體內發出的真實力量，它讓我們的雙臂與雙腳開始動作。我們之所以會這麼說、這麼動，是因為意志要它們這麼做。在生活當中，我們試圖讓事情發生或不發生，用的就是我們的意志。所以你不是處在無助的情況，你體內絕對有足夠的力量可以左右事物的改變，意志的背後，就是認知。

生命之所以不容易，造成我們現下種種問題或壓力的，不是生命事件，而是你對生命事件的認知差異。

認知不僅為我們帶來意志，也為我們帶來了抗拒。如果我們的生命感到任何痛苦並覺得受到控制，還是得回到源頭認知的層面來處理。

我們帶著過去一如以往的認知，延續到現在，讓體內有了抗拒當下正在發生的事情的堅強意志，而這種抗拒，為我們創造了內心的緊張、混亂、掙扎與痛苦。你始終沒有看清楚這一點，還繼續同

意讓過去的這些事件主導你的人生，至今依然相信它們。

你完全相信過去這些事情具有真正的意義，你將整顆心與整個靈魂全部投入於抗拒或執著上面。但事實上，這整個過程並沒有讓你變得更好，反而落得讓你以為是外在世界的一切控制了你的人生，甚至摧毀你的人生，而你唯一該做的選擇竟然只是認知升級。

這一本書透過 14 個主題、17 個案例、28 個定義、56 個觀點來為我們進行認知的拓寬與升級，學會主動控制我們的心流，並與干預我們的控制脫鉤，活出生命的意義。

我試圖在這本書中，讓每個處在生命低谷和深淵的人們，透過認知開始踏出思想的第一步，找到內在昇華和超越的動力，在最黑暗的地方綻放光明，在最虛弱的時刻，憑藉認知升級的這股動力讓你的人生發生一種實質性的推進和轉變，這也是我自己這麼多年在世界各地推廣演講授課、孜孜以求的「EP 腦治療」*。

認知升級：拓寬認知邊界，控制脫鉤

我們必須把自身對於過往認知的理解範圍向外延伸再延伸，當你的「認知邊界」向外延伸的越寬廣，接受度變寬、包容度變廣，來自四面八方的干預將相對減少變小了，控制脫鉤。

生活中總會遇到非預期的突發事件，這些令你糾結痛苦的人事物，第一時間不是急著向外反應，當然也不是一味逃避，相對的是

---

* EP，為 Eastern Psychology，東方心理學縮寫。

往我們的認知去思考，這提醒著該是認知升級的時候了。拓寬認知邊界，控制脫鉤，將會為你的人生帶來立即顯著的改變。

這本書上提及的 14 個主題、17 個案例、28 個定義、56 個觀點或許跟你此刻正在發生的事件沒有太大的關連，但當你開始注入新的認知，並從新的認知角度去思考，竟也如此神奇的為你的思想解套。讓你的認知升級，拓寬認知邊界，修復傷痛、避掉麻煩、閃過災難，控制脫鉤。

一個念頭，兩個世界，命運截然不同。

跟著我多年的學生，都相對會比較熟悉我的思路：「從一個典型的負面情緒開始，但最終試圖找到轉化和超越的力量。」

你看到爸媽在對你進行控制，你的老闆也無時無刻的控制你、另外一半也正以高情緒或冷戰的方式在對你進行控制，怎麼辦？**想要與控制脫鉤，你的第一件事情不是急著反應、抱怨、離職、爭吵，而是「認知升級」。**

也就是你要從這裡面找到一個「思想的力量」，這個思想的力量可以幫助你，將你從某個卡關的思緒裡拉出來，直接到達某種平靜不受控制的狀態，這個過程你可以省略許多時間，甚至避免掉可能讓你後悔一輩子的連鎖反應。一但思想過關，認知升級，你可以跳過許多實際操作的過程，你的人生可以少走很多年的冤枉路。

知道《倚天屠龍記》裡的張無忌嗎？張無忌在練乾坤大挪移的時候，上面寫著此神功分七層境界，悟性高的人第一層的修練大概七年可以完成，悟性低一點的則要 14 年才能練成；至於第二層，如果你練了 21 年還是沒有進展的話，則不可以再練第三層，因為

會走火入魔，太危險了。

只花三十年的時間就練到第三層已經是神人等級了，張無忌邊讀邊練，才幾分鐘的時間，他已經完成第四層的神功了，他發現自己莫名的興奮，雙眼炯炯有神，興喜若狂，當他融會貫通時，也只是片刻之間，第五層接著就輕易練成了。此刻的他感到全身思緒暢通，欲發即發，欲收即收，一切全憑心意所致，周身百骸，有股力量在他身上暢行無阻。在須臾之間，第六層竟也輕而易舉的完成，直到第七層雖有停滯，但也透過慢慢消化，除了幾句心法尚未理解悟透之外，這七層的乾坤大挪移，竟讓他在短短一兩個小時，唸完也練完了。

有人一輩子在生活中悟不出什麼道理來，幾十年來到處碰壁，但有人卻是輕鬆過關。成功只是瞬間，一通百通，全憑認知，你認知不到那，就練不到那一層。

我們的生命總會遇到許多卡關的時候，很多人可能連第一層都達不到，只是一個簡單的領悟，對某些人來說，確實要經過一二十年才願意稍稍調整認知。一個認知不斷在升級拓寬的人，會像張無忌那樣，練到第三第四層的時候，不但不會感到疲累，反倒雙眼炯炯有神，有在持續學習、不斷提升自我的人，一定懂那種興奮莫名的狀態。如果你的認知能從知道到身體力行的做到，你將體會到生活因為思緒暢通而為你帶來暢行無阻的力量，早已擺脫種種控制與束縛了，你懂的。

認知就是一個思路，思想過關，人生不會卡關，呈現飛躍式的成長。

認知不升級，得修練幾十年的人大有人在，看懂認知、拓寬認知邊界，我們就可以從某一種負面的情緒中，找到轉換與超越的力量，最後練就神功。

現在讓我們開始進入以下的 14 個主題：「孤獨、迷惘、貪婪、辨識、痛苦、懷疑、勇氣、信念、練習、自律、快樂、重生、愛、感恩」生活中是否有讓你感到困惑或難以克服的問題呢？該如何解決？從這 14 個主題的認知開始吧。

Topic 1

孤 獨

Topic 1

孤獨

我問了一些人，什麼是孤獨？「負面、消極、悲觀的情緒」，這是多數人普遍的認知共識。

你們會孤獨嗎？現在的人距離很近，可是心很遠，但這不是孤獨。孤獨它不是錯，也不是罪，更重要的是，孤獨是讓我們通向真理與領悟的真正起點，是最高級的修養。

「孤獨」與「孤單」不一樣，例如：怎麼都沒有人找我吃飯？都沒有人找我唱歌？這些情況不要和「孤獨」有任何牽扯，很有可能是你人際關係出了問題……

案例　有個女孩名叫婉君

大衛是台灣人，家裡環境不錯，學生時代開始，就是大家眼中的高富帥，熱愛運動，又是橄欖球隊，當年在美國完成碩士畢業之後，就留在美國沒回台灣了。他在加州創立了一間「運動用品社」，規模大概是十多人的公司，老婆是加州當地知名的廣播電台主持人，金童玉女的組合，後來生了個女兒婉君，家庭幸福。

婉君承襲了父母親的所有優點，長得漂亮，多才多藝，國小畢業就已經 173 公分，亭亭玉立、落落大方，高二的婉君直接跳級保送了「麻省理工學院」，為這模範家庭再添一椿好事。2017 年，父親焦慮的從美國打電話來：

「我女兒婉君離家出走，不見了。」

我當時第一時間想到的方向，猜測可能是「親子關係」、「感情因素」，但這只是我初步的大膽假設，我電話中問了大衛：「你跟

你女兒的關係如何呢？你女兒平常的交友狀況、興趣又如何呢？」

大衛說：「我女兒從小就優秀，學習對她不成問題，她去年高二就直接跳級念了大學。交友狀況很單純，每天都準時回家，她是個開朗的女孩，我女兒是不是出事了？她為什麼會不告而別呢？」這件事情很讓人焦慮，我從大衛的描述中，找到了一個切入口：

「我女兒在我老婆去年過世之後，性格上確實變得比較安靜一些。她與母親的感情特別好，她說她感到孤獨。」

我接著問：「她離家出走前有什麼異狀嗎？」

「沒有，我們前一天還聊得非常愉快，她特別替我開心，因為我公司簽了一個大案子。我完全看不出她有哪裡不對勁，怎知她早已計畫好隔天在我上班後就離家出走了。」

我和大衛持續好幾天的對話，但女兒還是沒有消息，我可以感受到一位父親的不安，全家人還沒從媽媽離世的傷痛中走出來，女兒接著出狀況。

關於我所學的「情緒、原生家庭、關係、親子、學業、金錢、財富」等知識，對這個完美的家庭一點都不受用，這些根本幫不了他。我最後反而是透過玄學的方式告訴大衛：

「你女兒兩個禮拜後就會回來了。」大衛半信半疑、忐忑期待著女兒的歸來。

兩個禮拜後，婉君真的回來了。

「孤獨」定義

定義一　孤獨它沒聲音卻有思想；
　　　　沒外延卻有內涵。

　　一棵生長在懸崖峭壁上的大樹，它越是向高處頑強的生長，它的根也就同時需要越來越深地紮根在黑暗的泥土之中。樹根沒有聲音，但卻有著思想，只要想活下去，它就會緊緊捉住任何可以活下去的機會，孤獨也是。

　　人生不是一馬平川，不是一路坦途，誰的人生不是這樣有起有伏、有高峰有低谷？很多人看上去一輩子順利，一點挫折都沒有，想獲得的都得到了。但這真的只是「看上去」，因為即便外在的種種方面給人感覺是平穩富足的，但在內心的情緒和體驗，肯定也是充滿著曲折和起伏。冷暖自知，這是孤獨帶給我們的內涵。

定義二　孤獨是思想的發源地

　　思想是連接不同內心的扭帶，當你真正開始思想的時候，表示你開始探索自我、走出孤獨了。孤獨，在一般人看來總是一種負面的，消極的，乃至悲觀的情緒。正好相反，孤獨萬歲，更不是罪，而是通向真理和領悟的真正起點。

　　再說得直白一點，當你真正意識到自己是孤獨的時候，就在這一個關鍵的時刻，是你真正開始找到了一個反思自我、洞察生命的入口和契機了。

　　無論你身處生命的哪一個波段，哪一種強度，其實都應該找到一個恰當的視角來反思自己，來洞察生命。如果你此刻感到痛苦、絕望、焦慮、彷徨，正是你去找到一種思想的力量來改變現狀，控制脫鉤，以實現一種生命力量的增強與提升。

　　孤獨可以幫助你成為更好的自己。

　　關於孤獨的觀點，你可以透過以下的思考與理解來拓寬你的認知邊界：

1. 孤獨就是最強烈的「被拋」體驗

　　你有感到孤獨的時候嗎？那真的是很不好的經驗，感覺你被整個世界拋棄了，身邊所有的人都變得很陌生，世界上所有的事情也不再有意思，你只想自己待著，但即便是這樣也仍然無法安寧，因為你的意識是清醒的。時間一到，你還是得掙扎著起床去上學，去工作，去見人。所以你看，孤獨其實是一種最為糾結、難以掙脫的困境，一言以蔽之，就是你必須在一個已經跟你完全沒有關係的世界上活下去。這已經不是痛苦和絕望的問題了，因為當你痛苦和絕望之時，你的內心還是激盪的，那至少說明你還是有生命的。但當你徹底陷入到孤獨之中的時候，你就已經近乎無情無感，那是一種麻木，死了或許還得以解脫，偏偏你還活著，你每一分每一秒都感覺到生命力的衰竭和流逝。更要命的是，你根本無力，也不想去挽回這樣的流逝，隨便它去吧。

　　都說我們是與眾不同的，但也因為這樣的獨一無二，才顯得與這個世界格格不入，有一種無法融入社會群體同時又被社會群體驅

離的感受；可也正是這個時候，孤獨發揮了它的效果，孤獨的我，開始反思我是不是哪裡怪怪的？

「被拋」是一個相當強烈的體驗，如果沒有「被拋」，你不會感受到「孤獨」。被拋不是因為你是個怪胎，相反的，是因為你的與眾不同遠遠超過整體的差異，所以你會覺得自己不知該往哪裡去，找不到自己，這種被拋感真的很讓人無助，如果你從小到大經歷過被拋，一定懂那種被拋感，太虐心了！

被拋不是你不好，而是你太與眾不同了，當下被拋的我們沒有辦法覺察到自己的特殊，又如何期望他人對我們有所理解呢？

分手的時候情緒是不是都很強烈？你告訴自己：「我的世界結束了。」

在「孤獨」還沒有發生之前，你會覺得自己是幸福的，所以**「孤獨」它原則上是「被動發生」的，才會有後續的「被拋」。**

以婉君來講，她的生命從小到大都是跟她的媽媽連結在一起的，爸爸說了一句話：「她們母女兩像姊妹，到了高中還一起洗澡呢。」媽媽是婉君的所有，當媽媽生病離開人世，婉君內心產生了極大、強烈的「被拋」，她眼前的這個世界瞬間瓦解了，她活著要做什麼？她沒有任何活下來的意義，所以她自然該消失在她認知的世界裡面，於是她選擇了離家出走。如果她沒有從這樣的認知中甦醒過來，她就無法回到眼前這個真實的世界。

不管什麼原因，一個人被拋的時候，孤獨作祟。很多人告訴我他們很害怕孤獨，他們一個人的時候，會感到寂寞難耐，茫然失措。於是乎，多數人索性輾轉於推杯換盞之間，馬不停蹄地去趕赴

一場又一場的熱鬧與繁華。

如此，然而，卻從未與自己的內心有過一場促膝長談，心中的那份寧靜也與自己漸行漸遠，太可惜了。

在孤獨中，最能遇見真實的自己，你才能真正看見自己的獨一無二，回歸精神的純淨，找回生命本身的快樂。

孤獨，一個人，不受干擾，做回自己。我回到了孤獨之中，以真正的我開始了一個人的生活。讓心靈回歸平靜，讓生活返璞歸真。

孤獨的時候，才能領悟到：人啊，到最後，會發現有些東西是可以捨棄的；留下的，就是最重要的那些。

是不是！

一個真正享受孤獨的人，能回歸本真的自己，全身心的投入到喜歡的事情中，這其中的妙處，旁人未可盡知呀。

「人生最好的境界是豐富的安靜。」我想，這樣的境界，唯有孤獨時才能抵達。被拋的人啊，好好享受這難得的時機，何不把身旁那一群狂歡貪話的人們關在門外，兩耳不聞窗外事，沉下心去提升自己的修養，增進學識，昇華人格，發現更好的自己。

在孤獨中，邂逅自己的成長；在悠然中，反思自己的不足；在安穩中，陶冶自己的情操；在沉思中，展開自己的生命。現代社會中的匆忙和喧鬧，暴露了人們內心的孤獨與焦慮。當我們學會不依靠外界的刺激和娛樂來麻痺自己，才真正解除靈魂的枷鎖。孤獨，是一種靜美，也是一種修煉，更是最好的自我增值期，我這些年來，受益良多。

蔣勳說：「寂寞會發慌，孤獨則是飽滿的。孤獨是生命圓滿的

開始。」獨處是人生中多麼美好的時刻和體驗，雖寂寞，卻充實。

李白肯定是一個最懂獨處妙處的人了，縱使一人在花間月下，無人同飲，依然可以舉杯邀明月，對影成三人，別有一番風味！

陶淵明辭離官場，獨享一份好光景，採菊東籬下，悠然見南山。

蘇東坡獨自倚著木杖，聽江水流淌的聲音，感慨生命既美好又短暫，小舟從此逝，江海寄餘生。縱使孤身一人，卻更自由、更輕鬆、更快樂，迸發出快意的人生。

那我呢？

印象中，我學生時代很喜歡湊熱鬧的，老往人群裡鑽去，任何團體都能看見我的蹤影，如今，所有的局我幾乎都推掉不去了。感謝大家把我給拋在一邊，我連藉口理由都不用想了。我更願意一個人去運動、待在家裡，彈彈鋼琴、讀讀書、寫寫字、發個呆、睡個覺，享受獨處的時光。

「我不再裝模作樣地看似擁有很多友人，而是回到了孤獨之中，以真正的我開始了獨處的生活。」

哲學家梭羅在瓦爾登湖邊的小木屋裡獨居兩年，怡然自得。

梭羅說：「即使是與最優秀的人相處也會使人厭倦，而在孤獨時，我做回了自己。」

生命本就是一場孤獨被拋的旅行，無論你趕赴多少熱鬧，躋身多少繁華，終將要脫下偽裝，學會與自己相伴。不迎合，不遷就，真切地感受聆聽內在的聲音，這何嘗不是一種自由！

一個人的時候，不因環境，只管在自己的世界裡，盡情為靈魂插上翅膀，無限逍遙，內心則越發充盈；無論現實怎樣發生，傾聽

生活的詩意，體知更廣的遠方，靜享一個人的精采。

　　人世間紛紛擾擾，在其間行走，容易讓人蒙塵、變得邪惡，若不懂孤獨，往往人云亦云，隨波逐流，**本就與眾不同、獨一無二的你，只因害怕被拋，徹頭徹尾的迎合改變，一致性讓你失去了自身的光芒。**

　　一個人若總牽絆於瑣事，受困於名利，又怎能為心靈守得一方淨土呢！生命為自己而存在，它是樸素而自然的事情，不是在眾人之前的雜耍。

　　好好享受人生難得的機會，被拋既來之，自在亦安之。

　　我雖獨處，亦有清歡。

2. 孤獨是終於對這個世界產生了問號的「自我感」

　　人當然有社會性，剝去我身上所有社會性的東西之後，還真的有一個東西能夠剩下來，那不是別的，就是**我對我自己的那種獨特的感受、體驗，那是屬於我自己的自我感**。這個獨特的感受體驗讓我「覺得」我跟你們每一個人都不一樣，我就是「覺得」我是一個獨特的個體，你可以跟我說該往哪裡去、該做什麼、該說什麼，但存在於我體內的那個獨特的感受和體驗是你怎麼也拿不走、改不掉、打不倒的。

　　確實，你剛才跟我講了一大段道理，你用了精湛的語言、強大的邏輯概念、顯而易懂的推理，但我不是想跟你辯論，只因為我身上的那種「自我感」是一種感受，一種體驗，它就在那裡，它一直都在那裡。這種自我感無法用言語形容，更不能用道理講得通，但

這樣一種感覺真真實實地在我心中，是怎樣也反駁不了的。

「自我感」是一個絕對主觀的概念，只有你自己會這麼百分百覺得，不會有人跟你有著一樣的理解，你說得再清楚、講得再明白，人家還是不理解為什麼你會這麼想。

就像婉君，對於她媽媽離開這世間，她的「自我感」只有她自己知道，身旁的人都只能揣測。「孤獨是思想的發源地」，當你「被拋」的那一刻開始，你會出現一個「自我感」，為什麼是我？

所以孤獨是一件多棒的事情，讓你去意識到：「我終於開始把所有關注的一切回到自己身上了。」在沒有感受到孤獨之前，我們不會看回到自己在幹嘛，也不會覺得自己哪裡不一樣。如果要啟動一個人的思想，要升級他的認知，讓他「孤獨」，他才會對這個世界產生了問號的自我感：「我現在到底在做什麼？」

我為什麼要工作？為什麼要結婚？為什麼要生小孩？我是為了誰而做？我如果沒做到為什麼要感到難受？我到底是誰？我為什麼要教我的小孩跟我過上一樣的人生？唸書、工作、結婚、生小孩……每個人都一套屬於他自己的自我感。

婉君終於能夠真正意識到自己的存在，是因為媽媽的離開，她感到孤獨，她開始把關注的一切回到自己身上了，這種自我感她不知道該跟誰說，對方也不會懂的，就像很多人面臨了婚姻的問題、跟男女朋友吵著要分手，這些人感受到孤獨，當「被拋」體驗出來之後，「自我感」的感受與體驗就會出來。

我第一次發現到自己的自我感，那是在小學二年級的時候，一個人恍神著，突然間，一下子就有一個很強烈的感覺，就是想不明

白這樣一個問題：「我為什麼會在這裡？為什麼在這樣一個時間，這樣一個地方，會是這樣一個我在這裡？為什麼是這樣的我，而不是別樣的我？為什麼是我，而不是別人？到底是誰叫我來這個世界的？我從哪裡來的？我來這要做什麼？我對自己充滿好奇。」我沒有辦法清楚知道我到底想要的到什麼，但八歲的我就意識到我可以把所有關注的一切統統回到自己身上，找到自己的自我感不代表你就釐清了自我感，縱使到了現在，我依然沒有辦法跟大家說清楚講明白我想幹嘛。

你呢？此刻的你，在你的生命當中，一定也有屬於你的自我感，你可以感覺得到自己哪裡與他人不一樣，從什麼時候開始的？跟著你多久的時間了？那個不一樣的地方是否有讓你感到特別的「孤獨」，它可能只是你臉上的一個胎記、家裡的遺傳病、太胖、太瘦、太高、太矮、太漂亮、太帥、或是腦袋裡某一個瘋狂或平凡的想法都可以是，「你沒有辦法對別人說，因為別人不了解你。」別人只會告訴你：「唉唷～神經病喔、趕緊認真念書、快點拚命做業績、還不趕快結婚……」

我一位堂姊跟我說：「弟，你知道嗎，我小時候都會看到一些東西的，所以我很怕黑，也沒辦法一個人睡覺。」

我說：「啊？真的哦，怎麼沒聽妳說過，家裡有人知道嗎？」。

她說：「我爸。」

我說：「是唷，那妳怎麼跟妳爸說的啊？他當時是怎麼反應跟處理的啊？」

她說：「我爸打了我一巴掌。叫我不要亂說話。」

　　我可以感受到堂姊是怎樣度過這長達十五年驚恐的童年，所以為什麼如今年近半百的她總是如此謹慎、戰戰兢兢的行事，她對於自己的「自我感」依然感到虛無飄渺，更難過的是她提出了求救，卻被最愛的家人直接否定了。我問她：

　　「妳當時看到東西的時候是什麼感覺？」她沒有辦法說明這是什麼感覺，因為那個感覺只有她自己知道，因為這個特殊的能力，讓她被打罵了好一陣子，同學們甚至排擠她，覺得她是被詛咒的，沒有人想靠近她。

　　我們早已習慣在生活中追逐名利、適者生存，我們錯失了藉由一次又一次「被拋」的時候，對自己產生好奇的契機。

　　男朋友／女朋友分手的時候，這時「被拋」的你，在幹嘛？

　　你在喝酒，你在買醉，你把閨密、兄弟們統統找來了，大夥陪你一起臭罵前男友／前女友。

　　「被拋」體驗出現了，孤獨明明是思想發源地，但你的種種行為卻對思想沒有起到什麼啟發，你只是覺得自己好可憐，為什麼要這麼對我，所以你只會繼續孤獨下去，直到思想對你起了作用，你才會知道用心良苦的孤獨有多棒。

　　很多成功人士或偉人都是**在經歷了「被拋」體驗後開始對自己好奇並找到了屬於自己的自我感，他們強烈感受到生命中似乎有一件事是自己「非做不可」，而且還會享受其中。**

　　多數人哪會花心思去想關於自己的自我感，他們笑了一聲：「賺錢養家都來不及了，誰還有時間去想那些『自我感』啊？」

　　我心裡也笑了，這就是他們無法活出生命感到開心的原因，他

們早已被控制，人生中除非經歷了重大的被拋體驗，才足以強大到讓他們正視、思考關於這個世界與自己。

3. 讓呼吸的每一瞬間都要成為自己

我在機場接送的車上看到後座椅背上放了一本書，拿起來稍微翻了一下，問了這位才 1994 年的年輕司機：「這書是你看的嗎？」

小帥哥專心地開著車從後照鏡看著我：「對啊，有一次接送一位客人去機場的時候，我看客人在看，他跟我推薦了這本書，我就去買來看了。」

我稍微翻了一下，其中有一段說到有個小女孩，家境很好，但就是太叛逆，她打了舌環、身上很多地方都有刺青，穿著垮褲，褲子上吊了個鐵鍊，拿著滑板，整個屌兒啷噹，她對於這個世界是不屑且憤怒的。

她在她爸媽出門去上班後，開心的把家給燒了。

警察問她：「妳為什麼要燒掉妳的家？」

她回：「我開心啊，因為我想做自己，我覺得我太孤獨了。」

我沒有把這本書翻完，反倒是小帥哥司機的見解讓我挺有啟發。小帥哥跟我分析這小女孩的心理狀態：

「這個家對她來說太痛苦了，她父母根本就沒有在照顧她。她今天會這樣穿、這樣打扮，刺青、抽煙、喝酒、濫交、當太妹，這一切都是因為她想要跳脫這個家對她的控制，所以乾脆把這房子給燒了，她決定開始『讓呼吸的每一瞬間都要成為自己』。」

百分之九十，甚至更高比例的孤獨，都是被動造成的。一個人

因為某個重大的打擊，一下子被扔到、被推進孤獨的境地之中。反過來說，主動追求孤獨的情況是很少見的，**一旦當你開始主動地跟他人、跟世界保持距離，甚至脫離關係，那說明了你逐漸開始意識到自己的獨特性了，開始領悟到自己的存在了，開始有一種探索生命的味道了。**歷史上那些聖人，哲人，偉人，哪一個不是從主動孤獨這一步開始的呢？

讓呼吸的每一瞬間都要成為自己？我被這一句話震懾到了，趕緊拿手機把這句話打下來，講得真好，這句話的背後就是「自我感」的概念，或許這書中的小女孩用了錯誤的方式來尋找自己，試想，我們每個人內心不也跟這小女孩一樣，曾經在某個階段閃過那麼一點自我感，但它早已被囚禁多年，等我們到了一個年紀之後就不再理會它，任由它在思緒中遊蕩。

關於自我感，「請你去找出你與生俱來，不同於其他人的。」當你開始有這樣的意識時，你將跨出探索生命的第一步，這對權力者來說，是讓他們感到害怕的，因為思想的提升，認知的拓寬，就是對控制的鬆動與脫鉤，權力者極度不樂見這樣的事情發生。

孤獨的人為何會被拋？因為他們跟我們不一樣，不僅僅是不一樣，而是當他們堅持孤獨，追尋自我感的時候，他們同時挑戰的是我們小心翼翼地遵守的那些基本生活規範。規範最怕的是什麼？就是特例。天鵝是白的有什麼好討論的，當然沒有什麼討論的價值，可是就怕有那麼一天，不知道在什麼地方出現了一隻黑天鵝，這可就糟糕了，你那整個自鳴得意的知識體系與優越將會在一瞬間受到嚴重的挑戰。

孤獨就是那隻黑天鵝。

當大部分的人都在兢兢業業，不敢越雷池一步地去生活，正是規範帶來的約束。**規範的最大力量是什麼？就是在日常的生活裡面讓你感覺到一種「安全感」。**當所有人都遵守著同一套價值標準，都按照同一個生活模式在生活，都追求著大同小異的人生軌跡時，每個人所追求的，恰恰是那種彼此相濡以沫的「安全感」，而這樣的安全感同時也達到了控制你，並且讓你聽話的目的。

身旁的人都跟你「相似」，即使有些細微的差異，但最終都還是維持在一個允許的範圍之內，對權力者來說，不出錯，就是控制最棒的效能。

如果在這個時候，你們的生活裡面突然出現了一位孤獨者，他完全不接受大家認同的價值觀，人生觀，世界觀，你覺得這是一件小事嗎？這可是出大事了。一個不遵循規範的孤獨者，他有思想，這會讓在規範內的人感到反感，恐懼甚至仇恨。這一隻「黑天鵝」的存在，危及到了所有人一直以來沾沾自喜、自滿自足的安全感覺。

孤獨者會去思考生存帶來的各種控制與領悟：**我，作為一個獨立的個體，作為一個能夠自我追問、自我關切的個體，我發現我可以跟你們不一樣，而且我已經跟你們不一樣，我將主動面對控制，並且控制脫鈎。**

每一人都會有發現孤獨、體驗孤獨的時候，但不一定能夠真正領會到這樣的一種力量。生而為人，作為一個個體都可以把這樣的力量展現出來，從孤獨作為活出生命的起點，認認真真關切自己的生命，反反覆覆思索存在與控制、生活與生存之間的關係，進而不

斷地為自己的孤獨進行認知上的拓寬與辯護。

　　你想想，你的生命還有更重要的目的嗎？你活一輩子，不就是為了證明你在這個世界上的獨特價值嗎？這個價值，是錢買不來的，所以，真正的人生價值不可能是別人賦予你的，而是你自己賦予自己。

　　我的生命之所以有意義的，是因為我的與眾不同，我必須活出自我感，讓呼吸的每一瞬間都要成為自己。

4. 孤獨的存在：幫助他人不孤獨

　　「孤獨」是被動的，可是在這個世界上留名的偉人、聖人，他們卻是主動靠近接近「孤獨」，他們不感到害怕。

　　「孤獨」讓我開始去思考，我自己是怎樣的一個人。五千年的文化思想，不正是因為這些主動靠近「孤獨」的人，或者是經歷過強烈「被拋」的人傳承下來，我們才得以在此刻享受生命，因為這些思想才讓我們稍稍感受到生活的喜悅嗎？

　　我們或許不像偉人這麼偉大，但至少我們也都經歷過一些事情，有了屬於自己的生命故事，用一種過來人或體驗過的身分讓他人知道：「這些事情我懂。」

　　有個女孩子來找我，她在中學的時候被性侵了，從此她有了強烈的「被拋」體驗，她不再跟其它女孩子一樣了，她是一個骯髒、不乾淨的女孩，她沒有辦法像她們這麼開心的微笑，她內心產生了一種無法向大家說明的自我感。

　　當孤獨到了一個點，會開始對生命有了不同的認知，如今，她

現在最想做的事情就是透過自己的經驗，去幫助社會上不要再有女孩子受到傷害了。她孤獨的這十多年來，無法說明清楚孤獨存在的自我感，原來到最後是為了要幫助更多人不再孤獨。

　　當她的認知改變，突然之間，生命簾幕拉開了，為她的生命開啟了另一條道路，她不再受這個世界、集體意識、傳統、家庭控制了，她獲得了另一個令人雀躍的自我感，她把自己從被拋的世界裡找了回來，再度擁抱新的世界，跳脫了控制的轉軸，與控制脫鉤，展現不曾見到的笑容。

Topic 2

迷惘

Topic 2

迷惘

我從哪裡來？我是誰？我往哪裡去？「當下／現在的狀態都是清清楚楚，明明白白的，有什麼可迷惘的呢？」

真正迷惘的，不是你現在所在的位置。而是當你向後看、向前看的時候，會發現，無論是過去還是未來，都消失在無盡的地平線之中，這才使人迷惘。

迷惘讓你從外在世界退回到內心。在內心世界的最深處，有著一股積極、肯定的力量，讓你重新發現整個人類和世界，重新引導你回到外在世界，建立起與他人之間和諧良好的關係。

原來，迷惘是好事！

案例　和最愛的女人解除婚約

我有一個學生山姆，很開心的在第一時間跟我分享。

「老師，我離婚了。」所有人都知道他愛他的老婆，很愛很愛的那一種。但他在這一年的時間，用盡了所有的資源，與他深愛的女人—美蘭—解除婚約了。

山姆是眾人眼中的人生勝利組，兩個孩子也都長大成人了，山姆在那近乎完美的時刻，毅然決然地放棄一切，一下子把自己逼到絕境，拋進了一個深淵，孤獨地面對自己。然後呢？開始沉思，開始寫作，開始畫畫。山姆說，他之所以能成為一個作家，正是因為他失去了美蘭，如果他和她繼續生活著，他就永遠不會成為他自己了，美蘭也無法成為她想要的樣貌。

山姆瘋了不成？對許多在社會規範下長大的你我來說，山姆所

做的瘋狂決定確實讓多數人無法理解。山姆是在一個保守、權威、掌控的環境下長大的。他優秀，從不讓家人擔心，但他就是開心不起來，好不容易遇到了讓他願意守護一生的心愛女人，他一天比一天更愛美蘭，愛到決定要和美蘭分開。

他說，一生中對他影響最深的兩個人，他的父親和美蘭。父親已經不在了，所以與美蘭離婚這件事情對山姆的打擊很大，既然如此，他為什麼非得要和深愛的女人斬斷關係，這實在沒道理！

類似像山姆這樣的案例，在我的諮詢經驗中，已經不是第一個了，他們的說詞很雷同，因為深愛著對方卻失去了自己，人生迷惘好長一段時間了，他們渴望擁抱自由，決定甦醒為自己而活。

山姆這些年，前前後後來找過我幾次，我從對話中感受的到，他從小到大來自於家庭的痛苦，但至少就解除婚約這件事情，山姆是雀躍的，他的眼神散發出光亮，他終於和他最愛的女人離婚了、他自由了。

山姆說，在他與美蘭結婚後才沒多久時間，日常生活就已經變得索然乏味，完全沒有辦法激發起他的生命欲望，這讓他的人生失去了意義。這是一種對於生活的迷惘，一種深深難以擺脫的迷惘，他好像被某種無形的力量控制著。所以美蘭才會說：「不管我是否和你在一起，你總是這個樣子。不管你多有錢、你的工作多風光、你的婚姻多和諧，你就是覺得沒意思，每過一天就愈覺得索然無味，做什麼都提不起興趣，遇到誰都覺得沒什麼可以聊下去的，打開手機刷了一大段時間也完全不知道自己到底在看什麼。我們應該還是深愛著彼此，但此刻確實是我們最真實的生活寫照。」

　　我們多數人每天早上醒過來，就要開始為了生計而奔波，一整天傻傻地忙碌著，這樣忙著追逐生活的狀態，反而暫時緩解了迷惘帶來的那種腐蝕靈魂的作用，這樣想想，我們算不算比山姆幸福了一些呢？

　　但山姆就是跟我們一般人的想法不一樣，按照一般人的邏輯，他真的什麼都不缺了，時間到了，再過幾年等著退休，這不是很好嗎？多數人的疑問與反應都是：他為什麼要那麼虐地非得跟摯愛斬斷關係呢？

　　在我年紀漸長且經手了一個又一個類似的案例之後，我慢慢能夠理解了。

「迷惘」定義

定義一　迷惘是一種注意力發散的現象，接著帶來的反作用力是全神貫注

　　迷惘不在於你有沒有事情可做，而是到了一個極端點時，能夠喚醒你自己的精神，去堅定執著地追求一個目的、一個事業。所以，迷惘是一種注意力發散的現象，接下來的反作用力則是全神貫注。

　　這個時代是一個普遍迷惘的時代，生活裡沒有太多東西能刺激到我們，當你意識到自己的注意力發散的同時，迷惘的反作用力才正要開始。讓你深陷在網路和手機中日益渙散的精神，再一次全神貫注地回到生活的軌道上，給我們的精神一個持久、強烈的動力。

定義二　不夠迷惘才會無動於衷，
迷惘是為了看見自己並讓生命做出反差

　　外在世界是一個客觀、普遍法則所支配的世界，這個世界中的你我以一種漠然的態度生活著。法則與規定控制了一切，只要認真研究知識，跟著普世價值的核心前進，掌握了世界的基本調性就行，至於這個法則跟你自己的生命到底有什麼關係，它到底能給你的生存帶來怎樣深刻的影響和改變，這些都不是法則或規定所在意的問題。

　　你自以為站在主流的系統裡，在打造邁向巔峰成功的路上，你早已習慣無動於衷，感覺就要獲得成功、擺脫控制，不受影響，但這剛好恰恰相反。經歷過迷惘的人，才能聽見內心深處的聲音——我受夠了！——我們早已深受控制所害，迷惘是為了看見自己並讓生命做出反差。

　　關於迷惘的觀點，你可以透過以下的思考與理解來拓寬你的認知邊界：

1. 運用「挖掘」的力量來對抗這個冰冷無情的世界

　　關於迷惘，沒人比榮格體驗得更深，也沒人比他想得更透，榮格的人生本身就是經歷了迷惘後的反作用力的真實寫照。榮格回憶說：

　　「迷惘為我的人生帶來了極大的痛苦，我在世界和生命之中找不到、看不清、辨不明自己所在的位置，迷惘的過程成為了我為自

己進行反思的基礎。」

榮格的母親患有嚴重的精神疾病，必須長期住院，所以他小時候都是跟父親睡。父親的脾氣很差，動不動就揍他、踹他，所以榮格是一個在家暴中長大的孩子，家裡總能感受到一股令人窒息死亡的氣息。家中一團亂的情況，讓他在學校也成了被霸凌的對象，他常常在學校被人重擊，打到暈倒。我們如果經歷了像他那樣的童年，不迷惘也都迷惘了。

成長的環境，將榮格的性格逼出了「孤獨」和「迷惘」。

當你所處的世界已經待不下去了，眼前的每個人都成了你的敵人，你無法與這些人戰鬥，除了退回到自己的內心之外，還有其他什麼選擇嗎？榮格於是養成了反思的習慣，這是他唯一可以對抗迷惘的方式。

榮格沒有被迷惘壓倒吞噬，反讓迷惘成了自己獲取幸運的造化，他不但沒有變成一個頹廢、向下沉淪、從此一蹶不振的人，而是透過迷惘，發現了「挖掘」的力量，試圖在自我探索的過程中，重新找到自己的位置，再次定義這個世界和這場生命的意義，奠定他多年後走向了一代宗師的基石。

他說：「**每個人都有屬於自己的道路，你必須充滿希望、戒慎恐懼的向前行，永遠要意識到迷惘帶給你的危險與轉機。**」

要從一個迷惘的困境裡面解脫出來，榮格的答案很簡單：

「回歸自己的內心，向內心深處不斷地挖掘。別人害怕面對醜陋、不堪與邪惡的自己，我卻因為挖掘，獲得了一種得以對抗這個冰冷無情世界的力量。迷惘不是迷失，而是讓你在無意識的深處

中，找到所有人類共同的基本生命特性與結構。」

迷惘確實棘手，想要擺脫這個世界對你的控制，一定要發生足夠的迷惘，你才有可能因為向內挖掘而獲得對抗的力量。

2. 當生命發生迷惘，
一個人才會願意去面對消化陰影和黑暗

「我受夠了！」你內心可曾有過這樣的吶喊？

一個人最後為什麼選擇了最極端、最快速、最痛苦，甚至令人感到不可思議的方式來解決眼前的事情呢？我們常人可能無法理解這個人為什麼要這麼做，甚至唾棄、譴責這樣的方式，但這也見證了一個內心迷惘的人，做出的選擇往往是讓人大吃一驚的。

這個「選擇」，不是基於普世價值的主流法則，從一開始就不會被所有人認同。這麼一個極度迷惘的人，他只是獨自一人直挺挺、不為所動的挑戰著整個世界，在那一刻的他，顯得如此格格不入，千夫所指，罪孽深重。

「一定還有其他的辦法。」確實，但這是不迷惘的人們才會說出的回答。

當一個人迷惘到了臨界點，當你真正想從迷惘的、普遍的「認知體系」的控制中掙脫出來的時候，你還有辦法繼續選擇用過去那一種溫和、平靜的方式嗎？迷惘的反作用力是全神貫注，你此刻的選擇將如閃電一般在這個世界上撕開一道難以彌合的裂口，當你想真正成為你自己的時候，還會在乎別人眼中的你是否符合典範、禮數、倫理的形象嗎？這跟你是不是已經擁有一切、你比別人都更

好了……一點關係都沒有，而是你就是找不到自己在這個世界的位置，這就是為什麼山姆非得要在最幸福的巔峰時刻決定離婚。

當我們不斷往內心世界挖掘的時候，一旦深入心靈深處的海洋之地，你就會發現，內心世界遠比外在世界更為寬闊，內心世界的類型、結構、定律、法則也比外在世界的規律更為複雜、更為根本、更能揭示生命的終極意義。

我們完全低估了內心世界這未知的領域，這些年來，人類的心思完全放在科學、AI 智慧、5G、6G，甚至星際穿越，似乎只有浩瀚的銀河和未知的宇宙才是一切，才值得人類去探索、去創造、去征服。

有一類人試圖自我挖掘，在深入的過程中發現已無力再前進了，就對外宣示自己所到達的位置就是最深的位置了，這一類人是膚淺的；還有另一類人他們探索自我的目的不是為了超越小我。他們的動機不單純，只為了尋找另一個重新擁抱人類和控制世界的途徑，將內心世界的心靈能量占為己有，滿足自己的私欲，最後讓小我無限膨脹，反遭外在世界的誘惑吞噬，更嚴重者毀滅這個世界。

雨果說：「世界上最寬廣的是海洋，比海洋更寬廣的是天空，比天空更寬廣的是人的胸懷。」

康得說：「兩件事物我越是思考越覺得神奇，心中也越充滿敬畏，那就是我頭頂上的星空和我的內心世界。」

仰望蒼穹是無限，挖掘內心也同樣是無限，是另一種更為深廣的無限。

外在世界有黑夜與白天，內心世界何嘗不也有光亮也有陰影。

我不斷地在世界各地推廣倡導，要大家從源頭學習，唯有認知升級才能擺脫內心世界更多的陰影和黑暗的控制。當生命發生了迷惘，一個人才有可能願意去面對、消化這些陰影和黑暗，進而到光亮之中，實現生命的和諧和平衡，這是外在世界根本無法做到的。

3. 我們真正需要的不恰恰就是這樣一種刺痛來成為我自己

很多人的確很迷惘，縱使他們花光所有積蓄，奉獻所有時間，尋求外在世界的成功與幫助，卻沒想過稍稍在思想上、在精神上的提升。

學生們問我，十多年來在世界各地四處奔走，會不會感到挫折遺憾難受？「會！遍體鱗傷啊，所以我不能放棄。」

面對這麼一群迷惘的人，我的態度一直是「沉思」、「好奇」、「理解」、「自省」，當然也帶了那麼一點點的「同情」與「活該」。不論各種人種，他們就是坐在扶手椅上，喝著咖啡，翻翻聖經、佛經、財經、社經，然後發出感慨：「唉，人生就是要不斷的超越顛峰啊！老天爺豈是你能對抗的啊！」接著，他們開始搜集來自四面八方的資料，製作簡報，寫出一部又一部詳盡的著作，告訴自己：我一定要成功！

你真覺得他們懂得自己在幹嘛嗎？我看過無數站在萬人舞臺上滔滔不絕、慷慨激昂的魅力演說家，看著他們一個個引經據典、倒背如流、令人咋舌，你可以從他們身上看到這樣的感慨：「他是一個演說家……他的演說確實感動無數人，但他的演說對他的生活影響不大。」

　　外在世界真的是一個特別令人「迷惘」的世界嗎？大家遵循著一套默認的價值準則和行為規範，然後每天過著周而復始的「慣性」生活。每個人都「知道了」、「明白了」、「理解了」，像個智者、先知，了然於心的在那談啊說的，始終還是在外在世界繞來繞去，沒有辦法真正進入「內心世界」之中。你進入不了內心世界，你就無法領受那種相信的力量，少了這一股力量，就無法真正成為改變你生命的力量，終身受控。

　　迷惘是一種深入骨髓的疾病，它非要把自己殺死一回才能慢慢活過來。很多人用一種極端的方式讓自己死而復生，與其受控迷惘的活著，不如快刀斬亂麻的解脫求得自由。

　　迷惘是好事，它涵蓋了恐懼的元素。恐懼不是讓你感到害怕，而是因為恐懼，讓一個人學會面對、接納、臣服，看見自己的不足，心生恐懼才能以一種最強的力量，直擊生命的心臟，從內心世界中掙脫出來。

　　我們真正需要的，不恰恰就是這樣一種刺痛來成為我自己嗎？對於迷惘的人來說，你並不孤單，身邊很多人此刻正在經歷著。因為刺痛，所以警醒；因為警醒，所以自覺；因為自覺，所以才能控制脫鉤，成為你自己。

　　你的生活是迷惘、還是過得精采，我不想知道，因為那跟我一點關係也沒有，你自己覺得開心就好。但從一個人的眼神與體態，你其實一看就知道他好不好，我們總是欺騙自己，生活嘛！誰不是這樣，你以為你欣然接受這樣的安排，可你的身體、你的臉部表情說明了你恨透了這一切。

你看看身邊多少人的日常就處於迷惘的狀態？我在世界各地看著來來往往的人們，不論在機場、地鐵、捷運、電梯、馬路旁，看看那一張張盯著手機呈現呆滯的臉，這些人將迷惘的狀態詮釋到位，迷惘完全寫在他們的臉上，眼睛裡早已沒有任何對這個世界、對這場生命的好奇和新鮮感了。

他們只是坐在那裡，每天重複著相同的軌道而已。

所以是山姆瘋了還是我們不願意醒來？

4. 苦練 72 變，笑對 81 難

「這就是命！」

意思是有些事情你改變不了的，無論你再怎麼努力、掙扎、拚搏、奮鬥，都改變不了現況，那就這樣，接受就是了吧！是嗎？哪吒可不同意這樣的說法了。

他說：「我命由我不由天，自己的命，自己做主！」哇，這句話說到全世界都熱血沸騰起來了，最後哪吒成了哪吒，而把這句話掛在嘴上大聲應援的那群人，以為自己的命也可以跟哪吒一樣，自己做主？別開玩笑了，一個個在生存的洗禮下，應聲倒下，全都被煮熟沒聲音了。

我乍聽這句話時也是超級熱血的，等到身上的血液慢慢恢復到常溫的狀態，腦袋變得清醒了些，再仔細想想，這句話根本是瞎扯蛋的論述。你自己能做主的那個命是「生命」的命，而不是「宿命」的命。

你自己的生命當然更多是掌握在你自己的手裡，要生要死，要

健康要虛弱，你的主導權還是多一些，但「宿命」呢？宿命是超越了一個人掌控之外的那種冷酷的「必然性」，就算你清楚意識到了也還是改變不了、必須面對的鐵的法則。例如：死亡就是人類每個人都得面臨的終極宿命，你可以透過科技延長你的生命，但你依然無法改變這樣的宿命。哪吒之所以能改變宿命，是因為他是魔童啊，才會有本事在那狂妄傲嬌啊。

所以，關於宿命，我們就只能接受而無作為嗎？當然不是，除了是鐵的法則之外，更重要的是激發出人的行動意志與無限潛能。

還有一個狂魔也是狂到無法無天、天不怕地不怕。

「我知道天會憤怒，如果人觸犯了祂的威嚴；但天是否知道人也會憤怒？如果他已一無所有。

當我乞求時，祢傲慢冷笑；當我痛苦時，祢無動於衷。

現在我憤怒了！我要聽到天的痛哭、聽到神的乞求。

我知道天會憤怒，但你知道天也會顫抖嗎？

蒼穹動搖時，我放聲大笑，揮開如意金箍棒，打它個地覆天翻。從今往後一萬年，你們都會記住我的名字，齊天大聖，孫－悟－空！」

這隻猴子可厲害了，他真的做到了。

他說：「我若成佛，天下無魔，我若成魔，天奈我何？」

成佛成魔，皆在你的一念之間！

人活著就應該像孫悟空一樣，瘋狂過，拚搏過，成功過，失敗過，努力過，憎恨過，挫折過，無奈過，孤獨過，懊悔過，輝煌過，奮鬥過，他什麼都有過，唯獨從來沒有害怕過。

我相信孫悟空在成為齊天大聖之前，也肯定迷惘，跟著唐三藏東奔西跑的，不知道這猴生的意義為何？人生就是不斷經歷的過程，很多時候我們真的不知道自己到底在幹嘛？做這些有意義嗎？恭喜你快走到迷惘的最深處了，就在你準備放棄的剎那間，反作用力的全神貫注就要開始了。

任何時候請記住自己的理想，堅持自己的夢想，不斷昇華自己的思想，一切還是得從認知開始，控制脫鉤，過上你想要的愜意人生。

只有苦練 72 變，才能笑對 81 難。

Topic 3

貪婪

Topic 3

貪婪

說到金錢跟財富，你認為這個社會仇富嗎？你自己本身呢？

金錢只是一個交換的工具，它可以拿來交換多數你想要的東西，所以才會讓許多人為它赴湯蹈火。既然如此，為什麼我們要討厭金錢？再往下探討下去，你就會明白，在我們的刻板印象裡，有太多人在面對金錢誘惑時，吃相實在太難看，所以講到金錢，我們腦海裡的畫面出現的是貪婪，金錢與貪婪就這樣成了同義詞。

但貪婪到底是什麼？我們總得弄清楚再來討厭它也不遲啊！

案例　新台幣 50 萬的包裝套餐

2016 年，我莫名其妙的被邀請加入到一個臉書群組，裡面有七個人，我只認識一個，其餘的都不認識。我稍微看了一下其他人的基本資料，感覺有演說家、教育培訓、激勵講者，除了我之外，有香港人、馬來西亞人及新加坡人。

其中一位我不認識的 S 跟我打了招呼：

「游老師，我們都有在關注你，你是許多來馬來西亞、新加坡發展的台灣老師當中，評價跟形象都還不錯的。現在有一個機緣，想邀請你一起跟我們共襄盛舉，但每個人要先拿新台幣 50 萬出來。」

我：「那 50 萬是要做什麼的呢？」

S：「我們打算做一個夠力的行銷包裝，我們要呈的是一群 40 歲以下的年輕成功企業家。」

我：「可是我超過 40 歲了耶。」

S：「啊？也沒關係，反正看不太出來，你還是加入一起參加

吧，我們需要有台灣這邊的人加入……」

我：「所以是做什麼的呢？」

S ：「我們會租一間最高級的酒店，在裡面進行所有的拍攝，也會租一台加長型的豪華禮車，將我們從酒店接送至機場，還會包一台私人飛機，最後就我們這幾位成功的企業家，在飛機上喝著高級紅酒、談論成功帶來的各種生活享受。我們將打造成讓全世界最令人羨慕的對象，這對我們各自的事業也會帶來很大的幫助，有助於提升成功企業家的形象。」

我：「我不知道你們怎麼會找到我的，謝謝你們的邀請啊，但這我實在沒有太大的興趣耶！」

一分鐘後，我莫名其妙的被踢出群組了，沒有任何交代說明。

2018 年，我看到有人分享了這支影片，才想到曾經被他們邀請加入拍攝這件事，我看到這些人在飛機上敲杯輪流說著話：「你知道成功的定義是什麼嗎？」、「你如果要成功，第一個你要面對恐懼，你要克服困難，你要堅持到底，你要永不放棄。」、「我在我最困難的時候，只做對了一件事情……」、「除了跟對人、選對行業，成功還需要其他方法策略……」這一群人住在銀河系裡最高級的酒店，有加長型的禮車接送他們到停機坪登機，鏡頭前的他們正在享受著高品質的奢華生活。

不知道你們的眼球看到這些畫面什麼感覺？這樣的影片或許令人興奮，但我不覺得他們擺脫了生活的控制，反而認為他們已經上癮，而且深受其害，自己卻不曉得。

你們當中可能就是那些按讚的人。

案例	**餓了嗎？煮晚餐給你吃**

　　有個二十多歲的小男生因為感情困擾，女朋友不接他電話了，要跟他分手，他特地從台中上來找我。他跟女朋友交往了一個多月，後來他女朋友到了他家，才進他房間坐著沒多久時間，驚聲尖叫了一聲，一隻長達 20-30 公分蜥蜴的尾巴正服貼在她大腿上，女友全身顫抖甩掉蜥蜴之後，跳上床的剎那，床上還有一條蛇。

　　驚慌失色的女友，嚇到奪門而出，直接跑到了一樓，男友待在房間笑到蹲倒在地，直呼：「會不會太誇張啊，妳也太反應過度了吧！」他在樓上喊著叫女友上來，女友卻說，除非你房間裡那些東西全部都不見，不然她不可能會上去。

　　這小男生喜歡研究各種寵物，根本是個動物專家了。我們約在咖啡廳碰面，在我準備要將蛋糕吃下去的時候，他從背包裡拿出一瓶兩公升的透明寶特瓶，裡面裝滿了上千隻的蟑螂，他說蟑螂這生物根本是極品，世界上怎麼會有如此美麗的品種。

　　他興奮的將寶特瓶拿到我眼前：「老師，你知道我花了數週的時間在餵養牠們，本來只有幾隻可愛的蟑螂，但蟑螂會吃死去的蟑螂，超有趣的！！這搶奪食物、吃同類的畫面好療癒啊，我有拍下來，等等我再播放給你看，然後幾週過後，就變成現在這樣上千隻蟑螂了，超有成就感的。」我，只有一種嘔吐感。

　　他接著又跟我說：「我昨天也跟我媽吵架決裂了。我有一天回家，我媽問我肚子餓嗎？說要煮泡麵給我吃，我吃了幾口發現，我媽竟然把我最愛的蜘蛛煮來給我吃，我絕不會原諒我媽的！」

　　「貪婪」讓我們每個人的生活有了某種癮頭，樂此不彼，但是它一定不好嗎？

「貪婪」定義

定義一　**「貪婪」是一個超過所需，**
　　　　　超越生存底線及欲望的極致狀態

　　所需是什麼？就是生存底線。

　　貪婪是一種超越，是一種讓你想要擺脫現在生活底線的欲望。你覺得一個月賺多少可以活下來？譬如說，五千元能活嗎？租房子外加三餐，一個月五千元還有的剩，有沒有這樣的人？肯定有的。假設五千元是我們一個人的生活底線，那麼會有人想要在生活中超越這樣的金額嗎？我想那是更加肯定了。超過某個生活底線，那就是貪婪，而提升我們的生活水平，成為更好的自己，那本來就是人的天性，所以，貪婪竟然是我們的天性。貪婪的根本特性就在於，它不滿足於基本需要，而總是想一再超越，超越體現出貪婪的積極作用，讓我們有了前進的動力、創造的意志，不想被基本的、底線的東西所束縛。

　　貪婪重新啟動了人的本質欲望，成為帶領人類超越過去封建社會很重要的因素。

定義二　　「貪婪」是母體，它是子宮

我們每個人內心深處隱藏著一種永遠無法真正、徹底滿足的欲望，這欲望像一個黑洞，深不見底，沒有辦法被填滿，縱使已經不堪負荷了，依然負重前行，被欲望牽著走。

確實如此！

欲望是個黑洞，貪婪則是個母體、子宮，它看上去也是深不見底，但那裡面並非是空空洞洞，相反的是充滿著各樣隱藏著的巨大能量與欲望。既然我們無法從這逃離，就應該去激活這個母體的力量，從這當中獲取積極的能量，把這力量重新釋放、轉化、昇華，不被它吞沒與掌控。

關於貪婪的觀點，你可以透過以下的思考與理解來拓寬你的認知邊界：

1. 人都想要讓自己過得更好，學習學習再學習

只要是超過所需、超越生存的底線，我們就定義為貪婪，這對貪婪本身而言，符合這樣的底線標準實在太過嚴苛，畢竟生而為人，大家都想要讓自己成為更好的樣貌！

不想被標籤為貪婪者，於是我們說人不為己天誅地滅，這樣的說法似乎能讓我們稍稍不那麼的貪婪，但這說法好像也沒有讓自己高尚到哪裡去，跟貪婪相關的，我們都不想沾上邊。

生活底線與貪婪之間的差距，讓我們卡在道德的規範之中，進不得也退不了。如何能夠在超越生存底線的貪婪驅動之下，既不貪

婪，還能繼續朝著目標邁進。要在這衝突上取得平衡，讓自己從貪婪中掙脫出來，甚至超越，只有先從認知上做出調整，才不會背著貪婪的原罪，想更好但又不敢更好，多數仇富的人，生活沒法更好就是卡在這衝突上，因為仇富，最後無法成為更好的自己。

所以貪婪的認知該如何升級呢？唯有學習，學習，再學習。

什麼意思？先學習如何學習，而後開始拚命地學習。

思考也是一樣的意思，學習思考再思考，我們要先學習如何思考，然後拚命的思考。思考才會將我們帶離每一個困境，才能與控制脫鉤。

居里夫人說：「17 歲時你不漂亮，可以怪罪於母親沒有遺傳好的容貌；但是 30 歲了依然不漂亮，就只能責怪自己，因為在那麼漫長的日子裡，你沒有往自己的生命注入新的東西。」

奧黛麗・赫本，這位被譽為「墜落凡間的天使」的絕代佳人，整整美麗優雅了一個世紀。

然而，世間的美人何其多，赫本的美之所以如此無懼年齡，歷久彌新，原因只是因為，她的美不在於皮相，而在於眼中有光，心中有愛，骨子裡有善良。

所以，你到底注入了什麼？

這世上，總有人越來越好看，眼神裡，全是風采光芒，為什麼那個人不能是你呢？

精神長相，是一個人最好的名片，它決定著別人對你的印象。或許，你沒有傾國傾城的容貌，但只要精神長相足夠好，久而久之，心底裡的明媚，也能滋養出曠日持久的賞心悅目。

　　精神長相不是固定不變的，它無關美醜、無關年紀，是一個人長期累積的氣質，是你在他人腦海中浮現的直覺感受，你是不是能獲得成功的機會，在他人腦海中早已決定了，不是當下的你多麼的努力，而是在過去的每一個時刻，你當時說了什麼、做了什麼，包含你的語氣、容貌、肢體動作，偏偏這些你都不記得了！

　　精神長相，需要我們用心打磨和呵護，它全都從你的思想而來，你的精神長相意味著你的認知。

　　保持對生活的熱情，我們的靈魂就會變得有趣；永保內心的善良，我們就會從裡到外散發柔和的魅力；選擇一份喜愛的事業與生活方式，任何人都可以變得知性，變得優雅。精神長相是讓自己過得更好的極重要指標，是一個人的頂級魅力。活出自己的精采，無懼歲月時光。

　　我們會認為貪婪不好，是因為多數迷惘、迷失，甚至人生走向毀滅的那些人，無一不貪婪，所以貪婪若失去了真善美，等同於失敗、等同於盡頭。貪婪的本質是超越，我們能想到的都是往外在世界的思考點上延伸貪婪，它既然能夠帶領我們在外在世界邁向顛峰，自然也能夠以反方向，朝內心世界急速超越前進，而這也是多數人根本不會去意識到的地方。我們的人生如果能夠多多利用貪婪來進行積極的內在超越，生命才有張力。

　　我們對內心世界的超越毫無興趣也沒欲望，一心想著要讓自己過得更好，卻不知道這更好的欲望來自於內心，而非外在，我們都搞錯了方向。

　　向內心世界超越，這在貪婪是一個很重要的認知突破，關於自

我提升與探索，我們要展現貪婪的渴望，永無止盡、毫無底線的飆速超越，只有在這樣的思考點，生命才能呈現飛躍式的成長。

2. 貪婪是推動生命和社會發展的動力

貪婪是一種超越，在極致的狀態下依然能夠超越成為更好。貪婪會讓一個已經不能再更好狀態下的人事物，再度超越它。在外在世界裡，整個人類與社會是如何向前推進與發展的，如果沒有貪婪，我們無法想像還可以如何超越。

一個邁向巔峰的人，如果沒有同步往內心世界做出自我超越，只會讓我們因為貪婪而相繼沉淪、迷失。當生命厚度不足以支撐我們外在的野心與成就，我們勢必會從某種巔峰狀態下跌落。

這個世界太過混亂，人心貪婪，誘發了外在世界的力量。過去社會進步快速，是因為我們發現內心的力量，人民純樸、守望相助，最後帶動了人類生命和社會發展的動力，曾幾何時，當外在世界的力量被我們的貪婪誘發的無法控制時，世界正快速的進入混亂。

我們捨棄了內心世界，關於人性、尊嚴、和平、良善，似乎越來越少人提及了。如今，外在世界的貪婪再度高漲，不論是國家、種族、政治、宗教、權力、財富、成就、生存、利益，當這一切成了我們每個人思考的普世價值，生命的推動與社會的發展便開始放緩速度，世道在亂，全因外在世界的貪婪，人們再次感到無所適從。

3. 浸淫在貪婪的體制裡啟動力量，釋放、轉化、昇華

我們創造出體制，但體制卻讓我們感到生活不容易，全因貪婪。

我一個朋友在華爾街工作了十年，年輕有為，在 2019 年回到台灣，我問他：「你為什麼要放棄這麼好的工作機會？」

他：「你知道嗎？在華爾街工作的每個人，年薪差不多都是新台幣千萬起跳的，這是基本行情。」

我：「哇！那你在那工作了十年耶～」

他：「確實，可是你賺了一千萬，你就會想賺一億，你賺了一億就會想賺十億，你賺了十億就會想賺一百億。我的人生在多數人眼中確實是在巔峰上，可你知道嗎？我從 2018 年開始，腦袋突然有一種很強烈的感覺，雖然擁有財富成為驕傲，我卻覺得自己的人生失控了，是的，就是這樣，可我不知道為什麼。」

我們將「貪婪」擺放在外在世界，跟多數人沒有什麼兩樣，所以看不到自己哪裡不一樣，沒有經歷孤獨，就沒有自我感，看似在同溫層裡鼓勵打氣，其實是在取暖逃避。

在團隊裡，每一個人都感到興奮異常，他們不會覺得孤獨，因為有一群朋友陪伴著，說著共同的語言，有著共同的目標、理想，有大家真好。孤獨是思想的發源地，團隊的存在，在程度上不也意味著眾人不再思考了，將貪婪浸淫在外在世界的體制裡，做一樣的事情、說一樣的話，**他們以為他們在思考，你仔細聽，這一群自認在思考的人，鮮少談論到內心世界的議題，幾乎不。**

多數人沒有這樣的認知方向，孤獨時買醉，不孤獨時貪婪，我們都只停留在表層的思考，以盲導盲，隨波逐流，有想等於沒想。

4. 這是新一代的骨董，比骨董還值錢？

你左手邊這個花瓶，是一千多年前出自於唐朝，稀少珍貴的骨董，而右手邊這一個花瓶，它也是骨董，是新做好的骨董。

「新的骨董？所以這兩個花瓶的價錢一樣嗎？」你覺得呢？這金額大概差了五到八個零吧！有人願意花骨董的價錢把做好的新骨董買回家嗎？

骨董就是骨董，從過去到現在，經歷了時間的沉澱與累積，從過去走到現在，沒有跳過任何一個時代，它本身代表的就是一種文化的底蘊與淬鍊，保留到現在，全身上上下下都是價值。

關於成功，沒有捷徑，不跳過任何步驟、經過時間的考驗，關關難過關關過，這就是成功的唯一方法。但你知道現在市面上，有多少關於「成功」的招式嗎？「我這是最新的方法，讓你一個月賺一百萬、我這個更厲害更新，只要上我的課就輕鬆月入百萬、我這有一套能讓你最快獲取成功的方法……」

「成功」始終和「貪婪」做不了切割，方法不外乎就是認真、專注、自律……等等，但關於成功，你必須要先認知到一件事情，成功就跟骨董一樣，無法一蹴可幾，沒有捷徑，不能跳過任何步驟，必須經過時間的考驗，千年不變。

市面上，老是有那麼一群人喜歡拿著「成功」與「夢想」的大旗，四處招惹人，標榜著：「想成功，跟緊我，我會讓你在最快、最短的時間，直接站上人生的巔峰。」這樣的成功模式跟新的骨董如出一轍，有什麼兩樣？

　　放眼晃去，一人一個號，各吹各的調，賣骨董的沒人追隨，自立為王的新骨董倒是徒子徒孫一堆人。最後，新骨董的徒子徒孫們成功了嗎？沒有，為什麼？骨董和成功的原則都一樣，都得經過時間淬鍊，回到自我本身，紮實、一步一腳印，這些仿骨董的徒子徒孫們，把自己當成真骨董，三天就開起了染坊，好的沒學到，倒學了一堆套路，擅長利用各種工具、方法、策略，偷拐搶騙，青出於藍勝於藍，這就是向外在世界超越之下、想錢想瘋了的貪婪。

Topic 4

辨 識

名作家馬克吐溫說：「一般人是缺乏獨立意見的。他並不想去研究或深思，構成自己的意見，只是急於得知鄰居的意見，然後盲目跟從。」

案例 **為爭取民主作出示範，**
慷慨激昂的選前之夜

第一手資訊都不見得是真實的，更何況是從網絡或街上聽來的，你這消息可是排在第兩十五萬三千八百七十六位得知的，可信度有多少？可你我就直接把這樣的消息散播到空氣中，比病毒還可怕，比任何瘟疫疫情更加危險的，是我們的思維，這才是最可怕的認知流行病，我們才是超級傳播者。

如果有一個人跟你說某個產品有多好，你聽完不會有太大的感覺，但如果跟你說七成牙醫師都說這個牌子的牙膏好，哇，已經可以想像消費者的心態了，既然牙醫師都用這個牙膏，跟著用，絕對不會錯！

飯店業競爭激烈，豪華的浴室是吸引住客的重點之一，因此飯店的浴巾愈來愈大條，也愈來愈軟厚，但這樣的浴巾洗起來很耗能源，所以，飯店浴室中都有一張小卡片，「請珍惜地球資源，如果您想重複使用這條浴巾，請把它掛起來讓我們打掃人員知道。」

這個說法效果不大，客人用完浴巾，還是隨手亂扔，於是業者把卡片上的內容改為「珍惜地球資源，住這飯店的客人有七成都會重複使用浴巾。」客人根本不會去追究這數字怎麼來的，就跟剛剛

的七成牙醫師的概念一樣，只要數字進入大腦，就會立刻產生效果，一間一間的浴巾全被客人掛起來了。

思考要使用到大腦資源，而大腦的資源有限，跟自己沒有利害關係之事，便不肯好好去思考，反正多數的人都不是傻瓜，跟著大多數人做，絕對不會錯。

懶得思考，所以從眾。

很多海外的學生朋友都說，台灣的新聞好像只剩下政治。政治成了全民運動，我開玩笑地回說，對啊，台灣人民都很政治控。大家會激烈的參與討論政治，這也成了某種台灣價值，為了捍衛每個人心中的理念，遇到立場不同的，再怎樣都要回應幾句才能善罷干休，可到了最後卻是越演越烈。

2020 的 1 月份，臺灣有個大事——總統大選。兩邊候選人各自提出了他們才是真正在捍衛自由民主的政黨，各自的擁護者也追隨著候選人有著相同的堅定信念。這一次的總統大選，全台灣沸騰起來了，演藝人員、企業家、網紅、老百姓們，全部表態並鼓勵身邊的每個人參與政治，回家投票，這是好事。

我一位中學的女同學，她從學生時代就非常熱中政治，對於社會運動、監督政府這樣的工作不遺餘力，她在社交平台上的所有動態與分享，全是大量的政治議題，涵蓋所有食衣住行育樂的新聞也一定會與政治掛在一起。好的、不好的，全都因為政治，政治成了她的生活信仰。她不能允許有任何與她持對立面的聲音，在聚會中常常把場面弄得很尷尬。

總統大選的前一天，她帶著她的兩歲及五歲的孩子，參加其中

一位候選人選前之夜的造勢晚會，她說要讓孩子們提早參與見識，什麼叫做民主。

兩周後我們一群同學碰了面。

閒聊時我問了她：「妳帶小孩一起去參加選前之夜啊？」

「對啊，我要讓他們真正體驗什麼叫做真正的自由民主、什麼叫做清廉、乾淨的選舉……」

「不錯啊，那妳帶他們去了 A 候選人的造勢晚會，有帶他們去 B 候選人的造勢晚會嗎？」

「你是瘋了嗎？我去 B 候選人那裡幹嗎？我不要我的小孩被帶壞，他們才幾歲，根本沒有分辨的能力，去 B 的選前之夜，根本是洗腦大會，噁心死了，真不懂現場那一群人是在幹什麼的，那候選人的話能聽嗎？全都是抹黑扭曲，一群無腦的群眾，真的是沒救了……」

現場還有幾位同學是支持 B 候選人的，他們聽完微微一笑，但表情上告訴我：又來了又來了。

「所以，妳到底是帶小孩去見識民主社會的運作，還是去聽妳支持的候選人的政見發表會啊？因為在民主社會之下才會有 A 與 B，而不是因為有 A，才代表著民主社會，那麼 B 代表的是什麼？就妳的理解，為什麼只能去 A 卻不能去 B 呢？這行為基本上就已經不符合民主了，如果妳真的想讓妳的孩子見證民主，應該從家庭開始實現民主，而非直接灌輸孩子關於妳自己的想法。何不帶去 A 也帶去 B 呢？這對孩子在理解民主社會的發展起步不是更好嗎？」

我們都認為自己具備獨立思考、客觀不盲從，但在媒體、集體

意識、有心人的操作下，各個都成了烏合之眾，我們連自己生活中的人際關係、職場互動、婚姻相處都處理不好了，卻有辦法站在國家、種族、世界等這樣的高度來探討評論堅持誰是對的、誰又是錯的，我們都太把自己當一回事了。

　　慷慨激昂的選前之夜結束了，不論你支持的候選人是否當選，我們都過度用力，不論你是得意還是失意，得利者繼續得利，盲從者從頭至尾都不知道發生什麼事情。

　　諾貝爾獎得主索忍尼辛說：「我們知道他們在說謊，他們也知道自己在說謊，他們也知道我們知道他們在說謊，我們也知道他們知道我們知道他們說謊，但是他們依然在說謊。」

「辨識」定義

定義一　一個人獨自思考的運作過程，沒有任何別的東西參雜進來

　　舉凡激情、集體、群眾、勸導、喧囂、吶喊、對立、外部事件等等以上這些干擾因素，都會明顯影響一個人的辨識能力，進而盲從、心生恐懼。辨識不需要依賴任何東西，就是一個人獨自思考的運作過程，只要參雜這些干擾，就不會是乾淨的辨識。盲從者永遠是權力者的最愛。

　　辨識是一種能夠自行整理必要生活原則的能力，從不表現出任何憤怒或帶目的性的情緒，同時又展現出溫柔寬厚。一個具備辨識

能力的人，能夠認同尊重但不隨波逐流，即使擁有淵博的知識，依然毫不矜誇。節制、有分寸、得體、冷靜，不會出現急躁、瘋狂等激動的反應，在生活中體現出理智、達觀和從容的自在感。

定義二　辨識的最高層級是讓心靈自由

辨識不只是於外在世界中積極入世的找出真偽，除了不受影響的獨善其身外，心靈的寧靜才是辨識的最高層級。

面對紛擾多變的世界，自認清醒懂得辨識的人，總是急著想要去改變現況、挑戰世界，別忘了你也在世界之內，不改變自己，如何改變外在世界呢？真正的辨識，是認清自己的位置，恪守自己的本分，不為外物所役，不被他人所傷。

大如天災人禍、世事變遷，小至公司政策、朋友閒聊，我們能做的不是急著去掌控，我們對議題的加入，並不會讓這個局面更好。在這兵荒馬亂，人心惶惶之際，更顯辨識能力的重要，不空洞、不浮誇，實實在在的心曠神怡，才是你一個人可以掌控的心靈自由。

關於辨識的觀點，你可以透過以下的思考與理解來拓寬你的認知邊界：

1. 辨識最後一定要落實德性的培育

許多人在思索整個世界和人生的時候，最常犯的毛病乃至重大錯誤就是「高談闊論」，不切實際地談著他所思所想的空泛大道理，這些人若真悟出這些至深的哲理，何以人生還被生活打得滿地找牙、吭都不敢吭一聲？面對生活、工作，像個龜孫子似的，我們

第一時間就該辨識出，他們才是最有問題的。

這些高談闊論、患為人師的人，到處找舞臺，凸顯的只是自己對於各種議題思考後的膚淺。你的論述沒有切實的根據，從你身上也看不出有效性的邊界和範圍在哪，只說明了這些宏大的哲理跟你的生活沒有半點關係。

一個人的言行，若無法落實於呼吸行走的生活實踐中，好好觀察這一類人，真的聽聽就好，不用太多理會，何須與之爭執呢？這只是他們透過思想、口技來技壓群雄、控制他人的手段。

無論內心還是外在，都應該保持一種寧靜和節制，不被那些誘惑的力量引向過度和失衡的狀態。從內心世界來說，各種邪惡的欲念，首先應該被清除，因為它們都是破壞心靈平靜的「漩渦」和「風暴」；從外在世界來看，各式各樣的物質誘惑也應該被控制在合理的範圍之內，不要讓它們掌控和奴役自己的初心。

什麼是堅定？不是盲目地、一根筋通到底的去堅持原則和立場，**你對我錯的狹隘認知，只會威脅到你的生命健康和精神的寧靜，連帶影響了你的生活與人際關係。**

辨識的能力就是明確知道自己在世界、組織、團隊、單位上的位置，運用內心世界的力量來提升自己的人生，不被外在各種聲音拖著走。

這類人肯定是溫和的，因為他總是能夠非常完美地掌控內在和外在的界線。

在現實生活之中，一個真正懂得辨識的人，他從容不迫，不爭不搶，不急不躁，因為他不想為那些身外之物打亂了內心的寧靜；

但同時他又不是無原則的和事佬，你絕對能在一些關鍵時刻，感受到他內心世界有個很厚實的核心價值是不容觸碰和侵犯的，他只是不想與你爭論，他堅持做他自己，他不會刻意地去討好、去奉承，不為任何人事物所左右，在任何環境和困難中依然歡愉如常，對所做的選擇毫無怨言，在他進行辨識的過程中，形成一種甜美和尊嚴恰當配合的光輝德行。

要怎樣可以過好這一生呢？學會辨識！

如何辨識？「成為善的」就是最高的理想。要不斷趨向、實現這個理想，你必須不斷身體力行，而非出一張嘴、自曝其短的成為別人眼中心口不一的惡。

2. 掙脫外在世界的鐵的法則，
　　為這世界增加一抹獨特的色彩

「只要我喜歡有什麼不可以！」當然可以。

每個人在做出重大選擇的背後，都是他的價值判斷，但這些價值判斷依據的好壞善惡標準是什麼？你是在獨自思考的辨識過程中，不參雜任何干擾所做出判斷的嗎？

有一種人會說：「哪有什麼客觀法則啊，想那麼多幹嘛，反正我『喜歡』就行了。我喜歡這個人、這件事，喜歡就去做啊，又不是殺人放火，幹嘛生活得這麼累？」確實，這個「喜歡」實際上就是你自己絕對主觀的認知體驗，這個人、這件事情讓你感到快樂，你覺得很爽，管它三七二十一，喜歡有什麼不可以，去做就對了。

另一種人，手腕稍微高一些，他們不是根據自己的好惡喜歡與

否,而是根據社會主流價值做出判斷,哪些該做、哪些不該做。每一段時間,大家贊同什麼、反對什麼,他們也就跟著贊同和反對。

實在不知道這個世界是否存在著某個鐵的法則,在我們尚未理解到的地方運行著,如果你覺得,這個世界對你來說沒有多大意義,那就跟著做!不需要有太多思考,反正你在一個沒有意義的世界裡存活著;但如果,你對自身頗有期待,這個「頗有期待」,基本上就是一個會思考的狀態了。所以,這個世界縱使是一片荒漠,本來沒有路,可是你就這麼走了過去,這不就是路了嗎?路就這麼被你走出來了,你的生命意義是你自己賦予的,你走出了自己的生命,為自己創造出最大的可能。

不論這個世界的「鐵的法則」是什麼,當你開始了辨識,就已經註定為這世界增加了一抹獨特的色彩。

3. 任你驚濤駭浪,我心自崩然不動

不管外在世界如何風雲變幻、內心世界又如何風起雲湧,你要找出讓你看清、堅持內心世界的定海神針。它能在孤獨中辨認方向、在迷惘中點亮光明、在貪婪處撥雲見日。這定海神針就是辨識。唯有辨識,才能認清現實,才能明辨是非,才能澄清善惡,因為它不僅是我們內心的神明,更是整個宇宙的統領力量。

有兩個人,一個智者,一個愚人,他們不約而同的聽到了驚天動地的巨大聲響。起初,這兩個人的反應都是一樣的,驚嚇到面面相覷,但沒多久,兩個人的內心世界有了很明顯且不同的變化,結果當然也截然不同,最後成了他們的命運。

　　愚人嚇得抱頭鼠竄，落荒而逃，逢人大喊，教大家跟著他有著一樣的反應，他在逃難中還悲天憫人的用力提醒著，災難已經降臨了，世界末日到了，大家快點逃離吧！我還真是一個不忘初心的大好人呢。

　　智者呢？他的內心一開始也是處於激盪不安的狀態，畢竟，從未知的地方傳來那麼巨大的聲響，怎麼可能不受到影響？他採取的反應行動和愚人是完全不同的，他接下來只做了一件事情：「不反應、不理會」。他只是把這樣的聲響揮到一邊，拒斥，處之泰然，而非逃之夭夭。

　　愚人和智者最大的區別在哪裡？絕對不是在感覺，因為從感覺上說，他們第一時間的感受都是相同的，驚慌失措、無比恐懼，他們都是被動接受這樣的突發狀況。智者不是因為他特別聰明，他也知道自己和愚人一樣無法刀槍不入，他們都會受到外在世界的影響並作出反應。

　　智者做出的區別不是在不動情，而是能夠真正不動心。「情」是被外在事物激發出來的，人只能被動接收；但「心」不是，它可以自由地做出選擇，拒斥就是智者當時判斷後的反應，**辨識是我們每個人身上本具備的主動力量，我們卻因為動情盲從，失去了這一份力量。**

　　愚人以訛傳訛、感到害怕的原因是因為自己的「心」跟著「情」跑，淪為「情」的俘虜，稍微一點風吹草動，馬上就搖動白旗，舉手投降。未知的領域確實可怕，一點聲音出來，對愚人來說，內心的防線立刻就崩潰了，外部的一點小聲音竟足以突破一個人的內心

邊界，輕而易舉地操控了他整個人生。

所以，沒腦子、內心不設防的人，應該是最開心快樂的啊？照理講，確實是！但一個人如果沒有辦法去辨識對錯好壞，隨時隨地因為外在世界的狀況而情動心也動，處於一種被滲透、被影響、被操控的狀態，這是束縛重重的假愚人，更不是傻人有傻福。一個人連自己都主宰不了，心不靜，如何活出生命？若真是傻瓜，內心世界是平靜不受干擾的，他們才是活得最開心的人啊。

別再杞人憂天、製造混亂了，世界再大，一個人無論身處任何地方都不如退回自己的內心，關上靜音讓生活更為寧靜，也少了許多煩惱。人真正的家園是內心。任何外在的追求，無論是財富、權力、名聲，既不是你生命的目的，也不是你人生的意義。

人生在世，再次引用榮格大師的話，「找到回家的路」。

對一件事情不急著發表意見，使我們的內心世界不受擾亂，這在辨識當中是相當重要的一個動作，也是我們力量範圍之內的事情。

4. 辨識就是在進行治療

我從事諮詢、心靈、教育工作十多年了，數以萬計的人從世界各地來到我的眼前，我是他們的心靈治療師，我腦袋會閃過兩個問題：「治療什麼，怎麼治療？」這也牽扯到目的和手段。對話的目的就像去給醫生看病一樣，醫生總得「問診」，才能「對症下藥」，達到「藥到病除」的結果。

你有沒有曾經經歷過一段荒腔走板、不順遂的生活？我們總是遭受現實的打擊，活著，感受不到自己的存在，摸著自己的雙腳，

又找不到自己在這世界的位置。

　　想要藥到病除，就得對症下藥。擁有辨識能力是一個人生存的基本能力，辨識給予了我們內心多了一份力量，將我們從外在世界的束縛、干擾、奴役等種種控制中解脫救贖出來，你會重新看見並實現喚醒自己思考的能力。

　　一個具備辨識能力的人，才能理性的治療迷失的人生，真正展現對外在世界各種情境說「不」的自由。身處在一個混亂、紛爭、道德崩壞、戰火四起、災難肆虐的時代，我們該如何保護自己，而非糊裡糊塗地走完這一生，此生該寫的生命功課沒寫好，只能再重來一次。

　　誠實地面對自己的內心世界。你沒有多麼強大，但也沒有糟到一事無成，不貪求、不幻想、不傲慢、不逃避、不自欺欺人，在這世界中保有誠實和敬畏的態度，保持虔敬和堅定，辨識就是最強大的防毒軟體，隨時隨地都在幫助自己進行治療，明哲保身，才不會毒發身亡。

Topic 5

痛 苦

痛苦

你會自卑嗎？

身材不好，自卑；家境不好，自卑；臉蛋不好看，自卑；唱歌不好聽，自卑；球打不好，自卑；成就不高，自卑；學歷太低，自卑；收入不高，自卑；皮膚不好，自卑；身高不高，自卑；字寫得醜陋，自卑。

所以自卑帶來了痛苦？程度上好像是，但根本不是。

自卑不是壞事，是讓我們前進的動力，你可以自卑，但不一定要痛苦。很多人感到痛苦，是因為他們生活中總太多事情無法被滿足，對於人事物無法面面俱到，有人覺得人生失控了，一切都要在計畫內才行。自卑僅是痛苦的其中一個原因，但它能引起的痛苦真的有限。更多時候，我們感到痛苦是因為來自於我們本身對痛苦的誤解。

案例　人生中的第一次飛翔

一位 17 歲的上海小男生，他是一位具有畫畫天賦的孩子，但他的父母親不這麼認為，從小就對這小男生說：「你再給我拿畫筆試試看，學畫的人一點前途都沒有，只會讓家人蒙羞。」他認為只要再努力一點，一定能畫出一片天，就能獲得家人的諒解與支持，他期待這麼一天的來臨，如此，他的人生就可以真正飛翔。

他花了所有的時間在畫畫上，以第一名的成績考上了藝術學校，小男生執意去這間學校念書，父親將他趕出家門，一年多來，切斷了所有的聯繫與經濟上的資助，父子關係降到冰點。

　　有一天，兒子在學校與其他同學起了爭執，同學懷疑他的作品不是他畫的，沒有資格代表學校出去比賽。母親來到學校跟校方道歉，當場將畫撕毀，並表示兒子願意放棄比賽。兒子的心跟著他的畫一起被撕裂了，他為了這個比賽準備了一年多，如今什麼都沒了。媽媽在車上這麼回應他：「活該，早就跟你說過了。」

　　當時正是下班時間，他們的車在橋上塞著動彈不得，兒子就在媽媽說完話那一瞬間，開了車門，往橋上一縱而下。

　　17 歲是個很美好的年紀，你在 17 歲的時候有過夢想嗎？如果你曾經有過夢想，你知道築夢的過程，做自己熱愛的事情是一件多幸福的事情。小男生為了夢想堅持到現在，但他依然感到痛苦，他想掙脫卻掙脫不了。這一次，他為他的人生，做出了決定，這是他第一次得到解脫，自由自在地在空中飛翔，他終於活出自己了。

　　母親來不及反應兒子開車門要做什麼，追出去時，全程不到五秒鐘，兒子的身軀躺在橋墩沙床上動也不動，當場喪命。目睹這一切的母親，跌坐橋邊哀號，心裡五味雜陳、往事歷歷在目。

　　這新聞出來的時候，有人說現在的孩子抗壓性太低，罵兩句就要去死、也有人說家長是最可怕恐怖的控制狂。我學姊後來經手了這個案子，問我怎麼看這事。

　　我相信，這男孩的痛苦絕對不是來自於母親在車裡說了什麼話，而是長期累積下來才釀成的悲劇。他心裡的「孤獨」，肯定跟著他一起從小生活至今，他為自己的不一樣而感到興奮，他「貪婪」的想讓自己過得更好，他的努力卻得不到父母的支持，反倒更加迷惘，「你為什麼就不能跟其他孩子一樣？」

「痛苦」定義

定義一 **痛苦是必然、不可避免的命運，
學習的時刻到了**

「痛苦」是必然的，我們不應該去逃避它，它成了我們不可避免的命運，擁抱它，才能從我們的身上看見光輝，真正與之共存。

每一次的痛苦是讓我們不再受相同的苦，如果相同的苦一再出現，意味著學習的時刻到了，痛苦會一直重複，是因為我們腦袋裡面有錯誤的想法，我們要主動去更新、去汰換、去修復我們對眼前痛苦的認知。

痛苦既然是必然、不可避免的命運，那麼學習就應該是一輩子，而非一下子的。

定義二 **痛苦是一股激發生命、
面對世界苦痛的力量**

從痛苦開始，最終昇華到勇氣，在外在世界與內心世界的各種不同力量中，尋求平衡，從最黑暗最混沌處激發出生命向上的力量。

「千百條繩索」的欲念是痛苦的來源。斬斷它，內心將多了一種面對世界苦痛的力量，這份痛苦帶來的力量，終於可以掙脫人世的苦痛，寧靜微笑地回顧這世間的種種幻影。

關於痛苦的觀點，你可以透過以下的思考與理解來拓寬你的認知邊界：

1. 肉體是痛苦的根源：主動招惹了誘惑

氧氣筒如果碰到火會怎麼樣？會爆炸，所以一般情況下，我們不會讓這兩樣東西碰在一起。痛苦的根源在於人有肉體。肉體的兩大根源，一個叫「欲望」、一個叫「厭倦」。

「欲望」是你想得到某樣東西，你只想得到那東西本身，但這不包含你真想為這東西付出努力，你只想輕鬆就可以獲得擁有，這是天性。但欲望若想要被大大的滿足，你很清楚，你必須付出努力。你要一直做、不停的做，你才有可能獲得你想要的。所以，欲望還沒滿足到，我們已經先進入無法輕鬆擁有卻要付出努力的痛苦，縱使如此，也不代表欲望能夠獲得，進退兩難、苦上加苦。

「厭倦」則是你始終得不到那個東西，這的確很讓人痛苦。

「欲望」越大，代表你得為此付出更多，能不能獲得你想要的東西先不討論，但你得先違反想要輕鬆獲得擁有的天性，這是多麼大的痛苦啊。

很多人想減肥、加入健身房，他們想要讓自己看起來跟健身教練的身材無異，想到可以成為那樣的狀態就開心，欲望總是讓人沉醉其中。但如何達成呢？這中間你得付出多少？自律、鞭策、承諾、堅持、永不放棄，還沒開始就先感到痛苦了。

你想站上舞臺獲得表揚，光想到這一幕，做夢都會笑。但你準備付出多少代價來交換？你必須很認真、很努力，你得一直做、永不停歇的做，可是天性卻不打算這麼做，於是痛苦又來了。

開始早起、練習創作、培養興趣，這些都是為了讓欲望成真，

獲得你想擁有的。最後我們放棄了，睡到中午、不曾提筆、興致缺缺，全是違反天性的事情，誰願意？太痛苦了。

我們開始感到「厭倦」，因為根本就得不到我們想要的東西。

「欲望」與「厭倦」，它們就存在於我們的體內。

為了欲望，我們要付出努力與各種代價來交換，但這交易真的太痛苦了；而得不到又心生厭倦，這又是另一種痛苦。所以**痛苦與肉體的關係成了必然不可避免的命運共同體。**

外在世界裡的誘惑是永無止盡的。我們要嘛展開行動，立刻付出；要嘛心如止水的看待這些誘惑，不為所動。很顯然的，**肉體經不起誘惑，從來沒有對這些誘惑停止過半分遐想，既然經不起誘惑，我們就得先進入違反天性的痛苦之中。**

欲望和厭倦就像一團火球在我們心中，我們無法壓抑它；而誘惑，則像是氧氣，環繞存在於我們四周，無所不在，我們把誘惑當成了一次又一次圓夢的機會，誰都不願意放棄錯過所有的機會。

藏於心中的欲望與厭倦，碰上了外在世界的誘惑，就像火源碰上了氧氣，一發不可收拾，如此完美的結合，讓我們四處漂流、迷失了自己。

我們控制不了內心的欲望與厭倦，將自己置身於各種誘惑之中，主動招惹誘惑，內外併發的爆炸讓我們痛不欲生，肉體本身兩大根源：欲望與厭倦才是造成我們人生持續痛苦的主因。

2. 再等一會，真的會沒事，忍住

莫非定律說，凡是可能出錯的事，必定會出錯。該來的就是會

來，你躲也躲不掉。例如排隊：你換到另一排，你原來站的那一排，就開始動的比較快了。當你想再換過去時又擔心你這排會不會等下就會動得比較快。

如果你的清單上有「我想要更加快樂」或類似相同的話，你基本上可以直接把它劃掉了。因為研究顯示，**如果你總是不斷試圖讓自己更加快樂，或者一直在注意自己是否快樂，你就離真正的快樂越來越遠。**快樂的人從不去思考他們到底快不快樂，如果你真的想要生活的很快樂，就必須打消那些讓自己快樂的念頭。

莫非定律告訴我們，要與不要都已經存在在那裡，你心裡也都已經有答案了，而不是透過外在干預、信心喊話的方式來改變你真正的思考，所有控制性的言行，都不如你真正那麼想。我曾經發表過一篇文章：

「**在你沒有把你的思考維度及認知方式升級之前，請不要走進曾經被你傷害過的人的心中，不要再去敲開他的門**。在你的想法與認知沒有任何改變的前提下，請不要去輕敲你的孩子、你的父母、你的主管的門，他們只會造成二次傷害。你總以為，去和他們道個歉一切就會好了，但親愛的，那個不是道歉，因為你的想法沒有改變、認知沒有升級，你只不過是回到房間想想：『對，我好像對我的主管、員工、老婆、小孩太兇了。』等你冷靜完了以後，你想好好去跟他們道個歉，語言出來的東西其實是一樣的，除非你真的做出認知邊界的拓寬，否則雙方只能為了同一個感受而繼續痛苦。」

如果此時此刻你感到痛苦了，它正是在提醒你學習的時刻到了，

你可以去學哲學、心理學，學任何能夠幫助你認知提升的學問，但如果你所學習的學問只是在教育你何謂成功、何謂夢想，沒有往內心世界的認知下工夫，你只是從一個讓你感受到痛苦的環境，跳到另一個。因為我們的認知固化，沒有做出任何改變，**繼續痛苦本是可以預期的了。**

痛苦，彷彿是暗夜中的孤獨旅人，周圍是伸手不見五指漆黑的夜，沒有燈塔來指引，也看不到遠方茅屋的溫暖光線，但又不可能停下來，就只能艱難地、沉重地一點點摸索著向前，我們再次感到孤獨與迷惘。

所以，痛苦這種不可承受之重有著深遠的含意：一是來自覺察，二是來自認知的拓寬。當痛苦來襲，你怎麼看這件事情？莫非定律已經告訴我們答案了，來與不來、好與不好，皆在你的一念之間。

若想法與過去無異，在你痛苦的時候，要做的事情就是，別再重複過去，因為你會得到一樣的結果。莫慌張、別急躁，與其照過去的方式去執行，不如把時間花在去思考如何拓寬自己的認知邊界，讓認知升級或許更有意義些。再等一會，忍住，真的會沒事。

3. 給自己一個瞬間的直觀

你有沒有以下的經驗：走路的時候，你的腳步不停止的一直快速走著，但突然好像有什麼閃過你的眼角，你一個瞬間停了下來，回過頭，認真仔細盯著看清楚，剛剛在眼前那一閃而過的模糊影像是什麼？你在調焦距，越看越清楚，最後看到了，這就是直觀。

「欲望」和「厭倦」，就像一條無限延伸的繩子。「我要考第

一名」、「我要當班長」、「我要得到模範生」、「我要考上好的大學」、「我要成為人生勝利組」、「我要賺好多錢」、「我要買更大間的房子」等等。我們在外在世界貪婪的號召下，一路過關斬將，努力讓自己的欲望手到擒來，永不厭倦這反覆。

我們不斷地在欲望與厭倦中切換心情，對於痛苦似乎習以為常。真受不了時，就換跑道、換工作、換主管、換員工、換伴侶，我們唯一不換的，是自己的腦袋。

瞬間的直觀在我們的生命中扮演的，就是一個強而有力的信念。在你感到混亂的時間點上，給自己一個瞬間的直觀，一股強而有力的信念。就這樣與這繩子融為一體，鬆動繩子，直挺挺的繩子不再自作主張，而是軟化的直接下墜。

瞬間的直觀就像一把利刃，剪斷痛苦，你會突然看見雜亂纏繞交錯的繩子就在那裡。你看到了整個整體，也看到了你自己：「我的天啊，我到底在幹嘛？這真是我奉行一生在追求的嗎？」光有這樣的自覺就已經很慶幸了！雖然事情還沒解決，但至少你願意回頭看你自己在幹嘛。

好比正處在汪洋大海、狂風暴雨中的你，就快被滅頂了，你知道劫數已到，活不過今夜，逃離不了這險境，海浪波濤洶湧，黑暗降臨，在你感到絕望失去求生意志，就要放棄的時候，眼前突然一道強光射向你的船上！那一瞬間，它會讓你徹底驚醒，你把意識完全回到自己身上，你看到睡夢中正處在驚嚇的自己，你努力的把正在作噩夢的自己搖醒，醒來後你說著：「我好像作噩夢了」。

給自己一個瞬間的直觀，就是挾帶一股你前所未見的強大信念來

告訴自己，不論是輕聲細語還是強力譴責：「你到底在幹什麼？」

多數人終其一生，都未曾過給自己一個瞬間的直觀。風光的時候沒有這麼做，落魄的時候更沒有這樣的底氣去看見自己的整體樣貌，勇敢地對自己吼出震天響雷吧：

「我受夠了！該醒來了！我不同意我的人生是被安排著的，我要做回自己，我的人生我自己作主，再也不受他人控制。」

4. 我是指揮家

有參加過樂隊嗎？至少聽過或看過吧！

我小學時期是音樂班，我不知道老師當時是依據什麼條件幫同學分配各種樂器的，有大鼓、小鼓、鐵琴、木琴、鋼琴、口風琴、手風琴、定音鼓、三角鐵、喇叭、法國號、鈸……等等。

我本來想當指揮，但最後老師選了另外一個同學，她當時是這麼跟我說的。

「這一首歌曲有三個人最重要，一個是指揮，要負責看見所有樂手在幹嘛，另外兩個就是定音鼓跟鈸，它們是整首歌的強心針，鼓跟鈸打得好，這首歌的穩定度與節奏感就出來了。」

程度上聽起來是有道理的，但我知道老師是說來安慰我的，我被分配到打鈸，因為在那一首歌裡面，鈸只出現兩次，我打了兩下過後就可以把鈸放下休息了，演奏期間還可以自由走動，看著其他同學盡情忘我的演奏著。

兩年後，我小學六年級時，如願以償成了整個樂隊的指揮，原因是我能夠同時聽出班上五十位同學的樂器合奏是否和諧，每一種

樂器在什麼時候應該出現、停止、大聲、小聲。老師選我的原因，是因為我比其他同學更能掌握並給予所有人清楚的提醒與指示。

「我是指揮家」的概念就像是個導演，你對整體的劇情有最完整的掌握與理解，每一個角色、背景、台詞都要讓它有意義，而不是胡亂走位、接話、給出錯誤的表情，只會讓看戲的人一頭霧水，立刻轉台。

舉個例子，你現在正在開一個重要的會議，老婆傳訊息說：「老公，我現在想看電視，可是家裡電視我打不開。」你會怎麼做？

生命中有太多非預期、接踵而來的痛苦。一個指揮家，他必須能夠分出輕重緩急，他必須知道這個十分鐘的曲調，什麼時候該大聲、什麼時候該小聲，什麼樂器該出來、什麼聲音該消音，全面性的掌控才能有著完美、高水準的演出。

就好比，鈸的單聽的確是刺耳乾裂的，我們生活當中，有很多事情對你來說確實是令人不舒服的，但經由指揮家的掌握，給予適時的出現，反倒讓整首歌曲帶入高潮，展現了強大的生命力、也吸引了眾人的目光。

你是一個指揮家，自然知道在你自己的生命樂章裡，想要呈現的是什麼風格、什麼聲音、什麼思想，是否適合現在出來？或者至始至終都不應該出現？你的腦袋要很清楚，此時出現的事件符合你的樂曲嗎？你必須臨危不亂、了然於心，而非荒腔走板、脫稿演出。你自己的生命樂章，不會有人比你更加清楚了，只有你會最清楚如何成為自己，而非把命運的主導權給了別人。

Topic 6

懷 疑

　　建造大廈要清理地基，透過什麼樣的方法能有效地進行清理工作呢？要讓基礎穩固，當然要進行測試。如何測試呢？看它是否能承受住最強大力度的「懷疑」。

　　懷疑的「範圍」要足夠大，甚至涵蓋到天地萬物，把所有可以懷疑的東西都納入進來；懷疑的「程度」要足夠強，強到足以清除所有一切不穩定的、不確定的、動搖脆弱的東西，讓真正堅實的基礎呈現出來。

案例　44 歲的牛頓，33 歲的愛迪生，26 歲的愛因斯坦

　　1687 年，44 歲的牛頓在「自然哲學的數學原理」發表了萬有引力定律。

　　1880 年，33 歲的愛迪生，歷經數千次挫折後，發明了燈泡。

　　1905 年，26 歲的愛因斯坦發表量子論，同年 5 月，再次提出狹義相對性原理。

　　人類歷史上舉足輕重的三位科學家、發明家，做出重大成就的年齡，居然如此年輕。心理學家分析了兩千多位不同時期的科學家，發現一個普遍規律：大部分科學家，他們做出突破性成就的平均年齡竟然只有 39 歲，甚至再更年輕一點。

　　所以：「創造力的巔峰期，處於中青年時代。」從表面數據資料來看，這個答案也堪稱完美合理。但事實真的如此嗎？當再深入研究後，找到了真正的答案。

　　人一生的創造力，根本不會隨著年齡而發生變化。如果你年輕時候創造力的得分是 10 分，那等你老了，創造力依然是 10 分。創造力不變的事實告訴我們，每個人都有機會在任何年紀成功。

　　不只是科學領域如此。在創作領域，人的創造力依然是固定的。生命的勃發來自創造力，但創造力是固定的數值，不受年齡的影響，所以如何能讓我們持續擁有創造力，讓生命得以激發出前所未見的局面呢？

　　你去問問所有的科學家、藝術家、音樂家、發明家、創業家，每一次的創作，都是對精神的一次磨勵。而每一個作品的產出，需要多少天時、地利、人和！

　　「保持強烈的懷疑」，一旦對人事物有了懷疑，就會去思考，才能看到真相。

　　「懷疑」帶領我們開始去接觸某個領域裡的一點點小知識，幫我們打開認知的缺口，當我們因為懷疑從而進入了這知識領域的門檻之後，我們會看到更多背後的知識。

　　揣著懷疑這個祕密武器，我們成為一個自我驅動的前行者。成功可以發生在任何時間和年齡，只要你在一個好想法上做出合理懷疑。

「懷疑」定義

定義一　**懷疑僅是準備性的步驟，是為了清除那些不清楚、含糊打混的東西**

之所以要懷疑，不是為了懷疑而懷疑，更不是為了通過懷疑來破壞一切、摧毀一切。你看看很多人老是自負、高姿態的在那檢視他人，不惜任何代價的破壞摧毀各種關係，弄得烏煙瘴氣的，那是疑心病、是心理變態、是控制狂，不是懷疑。

把任何不確定、可以引起懷疑的東西，統統剔除、移走、廢黜，那麼剩下來的就是堅固、經得起考驗的了。

懷疑的標準是什麼呢？「清楚」、「明白」。

我們在完全清醒的狀態下，睜大眼睛近距離地看一個東西，沒有任何模糊和含混的地方，每一個細節和方面都清晰呈現出來，並和別的東西區隔開來，而非糾纏得亂七八糟，這就是清楚，一目瞭然，一看就明白。

定義二　懷疑不是單純空想，是直接行動，從根本上重新開始

懷疑不是單純的否定和破壞，更是重生的契機。知識也好，生命也罷，總是需要這樣一個契機，去煥發出新生的力量。

為何（Why）、何時（When）、如何（How）構成了懷疑的基本前提。

懷疑不是單純空想，不是坐在那裡考慮來、考慮去，而是一種「行動」。懷疑改變了一個人的生命，一旦啟動懷疑，就相當於在你的生命之中開啟了一個讓心靈徹底轉向的契機。

懷疑是為了不受外在世界的感染——被害妄想症——更為了能坦蕩蕩地面對自己的內心世界，對自己的人生來場徹底的清算。

關於懷疑的觀點，你可以透過以下的思考與理解來拓寬你的認知邊界：

1. 只要有可疑之處，一開始就要被扔出去

你面前有一筐蘋果，裡面有好的也有爛的，那麼該用什麼方法才可以把好的和爛的分別開來呢？這有什麼難的，就翻看看，看到哪一顆爛的，拿出來放一邊或扔掉，其餘的就留下來。

當你一個個揀的時候，筐裡面的好蘋果有沒有可能已經被還在筐裡面爛的蘋果感染了？你只是目前沒有發現它。但沒多久，剩下筐裡好的蘋果也跟著全都爛掉了。

最好的辦法是什麼？不管蘋果好壞，都在第一時間全部倒出來，再開始慢慢進行區分。懷疑也是這樣，要清清楚楚明明白白，把所有可疑的和清楚明白的東西分開來，一開始就要把懷疑的範圍放到最大，把所有一切都納入到懷疑的考察之中。

2020 年初，全球爆發了新冠病毒肺炎，疫情蔓延全世界，許多國家最後都進行了封城、封國。在防疫的過程中，不管你是不是健康的狀態，只要曾經去過危險的國家、城市，都必須立即與其他人分開，直接列入隔離、追蹤的對象，將可能發生的危險性放到最大，這是為了要保住好的、尚未感染的人。

為何防疫如同作戰呢？等到有人發現身體狀況出了問題，才開始像揀蘋果這樣將他從人群中拉出，進行隔離，為時晚矣，整筐裡面不會再有一顆好的蘋果了，全都受到感染了。

在清理地基的過程中，推土機的工作，主要就是把表面不堅定、

不穩固的浮土清除乾淨，讓堅實的地基呈現出來。推土機本身已具備足夠強大的馬力及功率，若沒有將表面上頑固的浮土清理乾淨，肯定會為後續的工程帶來極大的麻煩與隱憂。

在我們生活中，懷疑就像大功率的推土機一樣。強度夠，才能最大限度地清除掉所有含混不清的東西，讓原理和要素「清楚」、「明白」的呈現出來。

2. 該是懷疑你自己的感受的時候了

所以，懷疑是一件好事！

從大腦神經科學的角度來思考，我們的認知系統要到二、三十歲，成年之後才算建立完整。那麼，在認知系統還沒有建立形成前，這將近三十年的時間，我們每人、每日的生活價值觀到底意味著什麼？從何而來的？

這些在我們認知系統還不完整前，就已經進駐在大腦裡的價值觀，主宰著我們的生活，定義了一切。我們奉為聖旨，依照它的意志思考行事，它怎麼說，我們就怎麼信。它說，這就是我的原生家庭、我爸我媽就是這樣的人、我所有早期記憶的片段也全是透過它告訴我的。三十年來，我的人際關係、生活經歷、夢想成就，全都是透過它來教導我，應該要這麼處理才是對的。

這些第一批、搞不清楚到底怎麼進駐到我們大腦的價值觀，既然被奉為聖旨，自然是全面接受了。我們從沒懷疑過它，直到我們的認知系統慢慢完整之後，過去影像模糊、不清不楚、交待不明的認知，才與成年後的認知系統對接重疊，兩股認知系統的交疊，並

沒有讓我們感到和諧一致，反倒讓我們開始感到混亂。

　　由於我們對自身過去的經歷，懷疑的強度不夠，於是這些不堅固、不穩定，對我們有害的價值觀，為往後的人生，直接造成極大的隱憂。這些有害的價值觀佔地為王數十年，成了我們腦袋中的大魔王，所有與大魔王三觀不一致的，統統被大魔王直接剷平，力量之大，連我們都感到滿意。

　　大魔王強佔我們的大腦，如果我們沒有找到強度夠的力量，根本無法將大魔王連根拔起。大魔王輕易占據了我們的內心世界，控制了所有想法，它主觀敘述了你眼前的外在世界，影響了我們對周遭人事物的真實體驗，於是我們所感受到的，全是大魔王設定的外在世界，一切完全符合它自身的想法。我們看到的、聽到的、感覺到的真實存在經驗，其實已經是經過大魔王過濾、篩選過後才出現在你眼前的，這種微妙的前置處理，不費力氣地控制了每一個人的思言行。

　　我們心靈之中所呈現出來的，「可能」都不是那麼的貼近真實，「可能」徹頭徹尾全是謊言。**只要有「可能」，就得「懷疑」，只要不清楚、不明白，就得請出離開我們的大腦，否則有一天，我們的大腦全部都會壞掉。**

　　如果你大腦中一切看似「清楚」、「明白」的價值觀，都是從這大魔王延伸出去的，可以想像你受它擺佈和操控至少三十年起跳，反正你也卻從未想過要去懷疑它。我們的生命活成了一個傀儡。在如此強大的大魔王眼前，哪來的力量控制脫鉤？

　　「該是懷疑你自己的感受的時候了！」

這一句話極具力量。只要懷疑的強度夠，它會直接把爛的、不堅定、不穩固、對我們有害的價值觀統統清除出去。該是立即行動，與大魔王直球對決的時刻了，讓我們的人生從根本上重新開始。

「我是誰？我從哪裡來？我的生命有何意義？我的價值在哪裡？當年那件對我造成傷害的事情，真的如我想我看的那樣嗎？我的父母為什麼會這樣子對我？」有沒有可能這一切所理解的，都跟真實不一樣？當你這傀儡開始懂得去懷疑自己的感受時，過去發生的點點滴滴，頓時清楚明白了起來，我們的生命終於煥發出新生的力量了，大魔王開始感到緊張了。

3. 不論我思還是我錯，我都會在

如果順著大魔王長期存在我腦袋裡的思路往下想下去，那些不堅固、不穩定，對我有害的價值觀都是大魔王的化身。那麼毫無疑問的，大魔王的存在只證明一件事情：大魔王不等於我。既然大魔王存在著，那麼「我」也自然存在著了。

大魔王找到了宿主，想要借殼上市，主宰一切，它就快要成功了。你看看多數的人類，幾乎都被大魔王占領了，成了魔鬼代言人。如果你真想要擺脫大魔王，只要一個會思考的腦袋，就能讓大魔王痛苦焦慮。

所以，「我」到底是一個什麼東西，難道大魔王真那麼神通廣大，讓「我」什麼都不是嗎？再者，我頭腦中的那些價值觀，為什麼一定是大魔王塞進去的呢？既然我也是存在的，那麼有沒有「可能」那些有害的價值觀也是我自己創造出來的呢？只要有「可

能」，就得「懷疑」，一樣得請出離開我們的大腦，一切都要清楚明白。

大魔王肯定絕非善類，所以我們的生命走到現在，腦袋中那些感覺、知識、信仰、理解、認知對我們生命有害的，照理來講，應該都是它所為才對。但在我們的腦袋裡面，除了確定存在著的大魔王之外，「我」也存在著，那麼這些有害的價值觀，除了大魔王之外，也「可能」來自於我自己本身？

只要「可能」，就得「懷疑」，我是不是也是另一個絕非善類的大魔王？我也得把自己請出離開自己的大腦？！

打怪才能升級，降妖除魔，人生就是如此！

「我思，故我在。」是笛卡兒的名言。它的重點不在我思，而是「我在」，所以，**「我」究竟是什麼？「我」，其實是一個類似思維的東西。這句話是什麼意思？我存在著，這樣的存在是以一種思維的方式，這不單單只是一種精神活動，更是人身上最根本不可被剝奪的能力。**

這樣的「我」，終於可以以一種原本極為抽象的意象，轉化成一種稍微有點概念的敘述了。原來，「我」的本質是一個思維的概念，什麼是思維？就是我們的認知能力，一個能夠感受到孤獨、迷惘、貪婪、辨識、痛苦、懷疑、勇氣、信念、練習、自律、快樂、重生、愛、感恩的認知，這就是本質的我，我就是思維，以一種認知的形式獨立於這個世界的我，清楚明白，從不模糊。

只要能正向的拓寬認知邊界，讓認知升級，思維將不再受有害的價值觀控制，**「我」才能完成控制脫鉤**。我是思維，透過拓寬認

知將認知升級，運用在我的身體上，為我的人生活出生命，帶來正向的意義。

但思維，往往又會弄錯、走偏，這是我自己沒有把分辨真假的能力培養好，才會一下為人，一下又成了大魔王。會犯錯，只是展現了人的缺陷與不完美；我犯了錯，這樣的體現，恰恰就是一個人實際的存在。

我思故我在，正面、直接的界定了人可以從這本書上所提的 14 個主題去正向定義與拓寬認知，展現了人——我是思維——的存在是有力量的；「我錯，故我在」，則是間接、否定的方式來提醒人的生命框架與不足。

不論我思還是我錯，一抑一揚、一收一放，都只是為了證明我們可以越來越好、控制脫鉤的好好存在著。

4. 讓控制來得更加凶猛些吧！我扛得住！

當我們受困於種種束縛，法律約束、公司政策、普世價值、道德文化、家庭教育、婚姻關係，我們越是受其控制，這只能證明兩件事情：

1. 我在這整件事件中，成了「受控者」已然毋庸置疑。權力者所控制的，不是虛無的存在，而是實實在在的一個人——「我」。
2. 你越是控制我，就越能激發出我內心深處的反抗。這反抗，正以一種獨立自主的思考方式，不斷的在深層匯聚成一股強大的力量，由內而外的爆發展現出來。

我之所以在，是因為人的內心存在著思考的本質，但這並不代

表人就會主動思考。「我思」的獨立自主的思考能力，並不是絕對、說來就來、完全自行發展的，相反的是，它必須受到外在世界的刺激衝擊才能啟動。

我的內心世界因為「我思」，而獲得無窮巨大的力量，但這力量卻受制相關於、等同於、甚至是依存於另一個更強大、他者的精神力量強力碰撞下，才能激發出來。

我思，是一個「潛藏」、「依存於人類身上」的精神；而整個宇宙、老天爺、上帝，則是一個「顯露」、「不依存於人類」的精神。潛藏和顯露的兩極關係，不應該只是單純的對抗或衝突，更說明了一種互補和互證的智慧。

潛藏的「我思」引領身體，但卻總是「垂簾聽政」；顯露無處不在的「祂」，卻也難覓蹤跡。懷疑教會了我們要在腦海中，將一切清清楚楚地看仔細，而當你伸出手去抓，卻又瞬間煙消雲散，行跡全無。

你是否感到人生走不下去了，**如何讓自己站起來，讓更強大、他者的控制來得更加凶猛些吧！大力的碰撞，我思的能力將會再次被激活喚醒，你會更有力量，絕對扛得住！！**

Topic 7

勇氣

Topic 7

復原

很多時候，你需要的是冷靜、耐心、同情、審慎，往往不是勇氣。勇氣是要你主動去對抗一種壓力、一種障礙，不要讓它摧毀你、壓倒你，所以**那種隨意發動的不是勇氣，而是魯莽**。真正的勇氣，需要考驗的是你生命的強度，是你對生命的那份執著和信念。你的勇氣，就是在克服困難、逾越障礙、超越自我的過程中所展現出來的自省、自信和自豪。

案例　**當眾脫衣的董娘**

一位大哥說：「我與其買股票，不如賣股票。」三十三歲的他，很成功的在美國風光上市了。

「男人嘛，尤其像我這樣事業得意的男人，哪一個人不是三妻四妾！」他驕傲的對我這麼說著。除了真正具有法律效力的元配外，他同時帶了三個女人一起回家。一個是政治家的女兒、一個企業聯姻的女兒，而另一個則是他自己心愛的女人，他說：「政二代的女兒總能逗他歡心；企二代的女兒最能讓他放心；他心愛的女人總讓他掛心。」

心情不好時，就找讓你開心的；事業遇到問題，就找讓你放心的；而剩餘的時間，他都在掛心著心愛的女人。

他曾問我：「老師，你會選哪一個？」

我心裡想的則是：「你不是有元配了嗎？」

我與元配熟識，她對於老公的行徑，從睜一隻眼、閉一隻眼到現在，已經無法安心睡覺，她遲遲未離婚，只因為三個年幼的孩子。

　　我有一段時間，常接到元配的電話：「我老公跟你在一塊嗎？你們在幹嘛？幾點要結束呢？生意談的還順利嗎？」

　　「只要有你在，我太太就會放心，不會在那囉嗦，我煩都煩死了，你就幫我好好安撫她即可。」大哥一直請我幫幫他，於是我一接到元配的電話，就只能簡單帶過，哄大姊開心，接著趕緊撥電話給大哥告知，您夫人又來電找你啦！

　　有一回，大哥帶著我說一起去唱歌，我看到現場這種「裸唱」的場合，實在感到焦慮不堪。大哥和女孩們玩到忘我，我的眼前全是肉，男男女女的肉身，我很不喜歡這樣的場合，只想逃離現場。

　　大哥的電話響起，是元配大姊打來的，我接起電話說：「妳老公現在在談生意。」

　　大姊的語氣和以往不同，口氣相當不好：「你們現在在哪裡？他又在幹嘛？你叫他聽電話。」

　　我跟大哥說：「你老婆叫你聽耶～」

　　大哥和女孩們裸唱裸玩的正開心，哪有心思理會老婆：「你就跟她說我在忙，沒空接聽電話就好了。」

　　十分鐘後，老婆又打來了：「生意談完了沒？忙完結束要離開了嗎？你跟他說，如果他一個小時內沒有回到家，我會在社區門口的警衛室脫光衣服迎接他。」

　　大哥回了我一句：「瘋女人，不要理她！」

　　一個小時後，大哥的手機傳來了一張照片，大姊真的脫光衣服，全裸直挺挺的站在警衛室門口。

　　她傳了訊息過來：「他如果再不回來，我明天就這樣去他公司

找他。」

　　大哥還知道慌張，終於願意離開了。故事後續如何我不清楚，但我知道，三個星期後，大姊在大哥辦公大樓大廳，一件一件的脫去衣褲，從一樓全裸的進電梯，再走進他的辦公室，大家都知道她是董娘，卻沒有人知道該怎麼處理才好。

　　你覺得這件事情誰最辛苦？

「勇氣」定義

定義一　衝撞吧！與脆弱共處的意願和拉力

　　勇氣是史上最強大的拉力。你的人生總因為生活中的大小事而動彈不得，任誰都會想辦法擺脫這樣的局面，你會需要一股拉力。

　　勇氣，不是暴怒、馬虎的縱容蠻橫，也不是躁進無謀的血氣方剛。

　　勇氣，是在不見天日的陰溝裡，依然展現進退自若的從容。

　　勇氣，是在煙波浩渺的汪洋中，持續秉持堅定方向的信心。

　　勇氣，是我們身處道德兩難時，始終保有義無反顧的自覺。

　　真正妨礙我們獲得勇氣的，其實是我們拿來保命的盔甲，那些用來保護自己的各種想法、情緒與行為。

定義二　除了死亡，其他全是擦傷

　　人終將一死，這是鐵的法則。雖說如此，我們依然很怕死，好

像每一件事情都會要了我們的命。但其實，在死亡面前，其他全是擦傷而已，既然都是擦傷，我們為什麼要一直在那邊嚷嚷，「好恐怖哦」、「我不敢」。

勇敢，不代表沒有恐懼。在死亡面前，其他全是擦傷。

不確定的風險，會使我們感到害怕，縱使如此，你還是會去做，因為你全心全意的相信：願意承擔跌倒失敗的風險、賭上你所擁有的。有挫折、會痛苦，但你會平靜地接受結果。或許再試一次。

相信你值得充實且開心地活出真實的自己。這，就是勇氣的意義。

關於勇氣的觀點，你可以透過以下的思考與理解來拓寬你的認知邊界：

1. 心理風暴→心理癱瘓→心理任性／韌性

試想有一天，你在路上突然發生暴雨，刮颱風下大雨怎麼辦？趕緊找地方躲雨、躲冰雹啊！是的，在我們的心裡也會有心理風暴，一件事情我們暫時找不到原因，就這樣非預期的席捲而來：男朋友／女朋友要跟你分手、女兒跟你說：「媽，我懷孕了，可是老公是誰我不確定。」、你的老闆跟你說：「你就做到今天」。

心理風暴來襲之際，我們的思考能力會瞬間消失，取而代之的被風暴控制，我們很難在風暴來襲之下，還能回到風暴之前的平靜狀態。

心理風暴搶得先機之後，下一步就是心理癱瘓。我們失去知覺、處處挨打；我們沒有辦法解決迎面而來的問題，失能、逃避、裝

死、等待審判、或許雨過就會天晴，各種反應都有。

心理癱瘓後的我們會有兩種現象：心理任性或心理韌性。

心理任性的人會說：「不然你要怎樣」、「我不做了」、「我不幹了」、「你這個爛人」、「這糟糕的傢伙去死吧……」，我們用了很多方式，**我們以為那樣正面迎擊就是「勇氣」，但其實不是，那只是任性的作為。**

那，心理韌性呢？

在了解心理韌性前，我們先來理解物體的韌性。物體在遭受外力撞擊破壞之後，能夠恢復最初型態的能力，這就是韌性。

有些物體一撞就壞，有些則是撞壞之後，還可以把它恢復原狀，兩者的差別在於韌性。例如，黃金的韌性極強，在遭受破壞之後，不僅恢復成原來的樣子，甚至超越了原本更好的模樣，所以它的價格很高；玻璃一撞就碎了，別說恢復更好的模樣，連還原原本的樣貌都有困難。它的韌性低，價格自然就沒辦法像黃金這麼高了。

物體的韌性越強，恢復力就越大，雖然遭受外力攻擊破壞，依然能恢復成原來的樣子，甚至讓價值大於原本，所以價格才能不斷創新高，而這也是韌性的價值所在。

人，也有心理韌性。

想想看，才五個月大的你，你睜開眼睛環顧四周，確認身旁沒有任何人在關照你，媽媽不過是去上個廁所，從來沒經歷過這樣事情的你，一下子心理風暴朝你襲來：「我被遺棄了，我被拋棄了。」過去這五個月，伸手張嘴樣樣被滿足，如今我在床上都使勁哭了三分鐘了，竟然沒有半個人來理會我，你的世界正在瓦解中。媽媽在

廁所裡急喊著：「不哭不哭，我快上好廁所了。」

當媽媽一個箭步奔跑到你身邊把你抱入懷裡的時候，你早已心理癱瘓，無法動彈了，這被拋的體驗實在太難受、太真實了，你不知道怎麼面對接下來的人生，你開始心理任性，不吃、不喝、吐奶、隨地大小便、半夜搞死父母親，讓他們不得安寧。

你為什麼就不能有心理韌性呢？當然可以，但有思考能力的人才有辦法展現心理韌性。**一個沒有思考能力的人，在經過一次又一次的風暴癱瘓，經歷終將成為他腦海中的傷痛或災難**，他不願再提起也不想記起這些可怕的事件，慢慢成就了心理任性的性格與習氣。

人的本質是有思考能力的，這是我們有別於萬事萬物的優勢，我們不像物體經不起破壞。相反的是，我們有思考能力，每一次的風暴過後，心理韌性不僅讓我們還原本樣，更甚之，風暴的洗禮，讓自己「比昨天更好、比前天更棒」，這就是身為一個有心理韌性的人的價值。

「看不出來耶，你上週經歷分手之痛，這個月就能做到業績第一名，你是怎麼辦到的？」

很多人在風暴來襲時，總是任性地尋找答案。「為什麼是我？」，或是「拿酒來！」，有的人瘋狂進行報復或監控所有人的行蹤；有的人整天半夢半清醒、人鬼不分的；有的人會說：「沒有她，我也不想活了！」，甚至成了恐怖情人，打算跟對方一起同歸於盡。你其實可以有不同的選擇，成為一個心理韌性更強大的人，真心體悟到：「謝謝妳曾經愛過我，我會讓自己還原到還沒交往前更好的模樣，我會一次又一次的變得更好。」

一個人在遭遇外力威脅，或者是嚴重的創傷之後，還能夠恢復到理想的狀態，甚至超越過往，比過去更加的好上加好，這就是「**心理韌性**」，彷彿有一股拉力在拉著你：「我不能再這樣子了」。

這股拉力就是勇氣，**勇氣讓我們具備了在摧毀後還能還原、超越的能力**。

有個故事完全體現了從風暴→癱瘓→心理任性／韌性的心理轉折──沙子與牡蠣。

沙子不斷入侵牡蠣的生活界線，牡蠣必須要在第一時間保護自己。入侵的沙子對牡蠣來說，是世上最大的強敵。風暴來襲，牡蠣不能被擊倒，於是入侵的沙子激活了牡蠣的思考能力，它用自身的生命之液把沙子裹住：「沙子越是來傷害我，我反而增生了一股拉力把沙子給裹住。」裹著裹著，竟產生出質地結實光滑璀璨無瑕的珍珠，這是需要經歷了多少次的風暴才能成就的！沙子是風暴，牡蠣經過一次次的危機處理，最後超越了牡蠣本身，成了世人最愛的珍珠。

我們常吃牡蠣，有些牡蠣吐沙吐不出來，我們判定它壞掉、酸掉、臭掉了，因為它在沙子入侵時，早已心理癱瘓，放棄治療了，這就是一顆沒有心理韌性、勇氣不足、任性到極點的牡蠣。

2. 醉起來，把自己獻祭出去，交給更宏偉的意志

一個人如果真的醉了，他會徹徹底底的斷片，醉到忘記自己是誰、忘記自己的身分、忘記自己的地位、忘記自己身上的社會標籤。這其實是幸福的，至少他放下了包袱。我們的生活總是太過清

醒，放不開，理智的維護著僅有的卻也稀少的某些東西，我們戰戰
兢兢、小心翼翼地守護著。

如果你喝醉過，不是全醉那樣的醉，而是微醺的醉，這樣的醉
將我們平日被壓抑、被克制、被馴服的某種強悍令人感到恐懼的能
量給釋放掉了！讓自己醉起來吧，恍惚之間，你不用記得你是誰，
讓那些所有用來定義你自己、用來辨認你自己、用來證明你自己的
標籤統統煙消雲散吧。

十分醉的人，根本不知道自己在幹嘛，不僅跌個狗吃屎，他連
狗屎也吃了，吃完了路邊睡，不省人事。而微醺呢？或許可以再讓
自己醉意濃些，縱使到了七八分醉，雖然你分不太清楚東西南北的
方向了，但你還是有辦法讓自己安全回到家、躺在床上，你是怎麼
回到家的？

一個喝醉酒的人在街上行走，根本走不成一直線，可奇怪的是，
就在他快衝出危險馬路時，好像有一股拉力把他拉回來，與快速疾
駛而過的車身就差那麼一點，多麼神奇，安全過後，他繼續歪斜的
行走著。

他還有辦法招手搭坐計程車、有辦法拿鑰匙一插就能精準的把
門打開、這是第一個門的鑰匙、這是第二個門的鑰匙，他甚至還流
暢地完成盥洗，最後乾淨香噴噴的躺平睡覺。一個學生跟我分享，
她常常醉到不省人事的叫車回家，每次還是會完成卸妝、洗澡、外
加敷臉，所有流程跑完了才去睡覺。

所以這些人到底是真醉假醉，這股拉力從哪裡來的？

你知道醉起來的感覺，體內蘊藏的一股強大的拉力，這股拉力

取代你的意識，將你的身體改成自動駕駛，你不會有生命危險，拉力會帶你安全的離開險境。我們的人生何嘗不是？在我們對未來感到恐懼時，就像驚濤駭浪中的一艘船，被生活推擠的多不容易，何不就讓自己在清醒的生活中體驗醉起來的狀態呢？

讓自己醉起來吧！

一個喝醉的人，他有在怕的嗎？雖然腳步不穩，卻比腳步穩時更有自信的大步向前，車來了也不擔心車會撞上來，因為你知道背後有股拉力盡忠職守的在保護著你的安全。

如果心裡不安、感到恐懼害怕，切換成醉起來模式吧。**人啊，一但醉起來，也沒什麼好去計較了、眼花嘴笨，算盤也打得不這麼精準了，少了這些算計，你才是真正的安全。**不疾不徐，自若輕鬆，勇氣會讓你看到核心的問題：「原來我平常就是太清醒了，清醒到包袱太多，連一小步都不敢跨越」。

當你在懸崖邊上崩潰吶喊著：這人生走不下去了！除非你真的哀莫大於心死，大可一躍而下，這也是解脫的一種方式，偏偏體內就有股拉力拉著你，在你盡情宣洩情緒，決定要做出傻事的同時，依然保持身體的平衡，不致下墜。

盤算評估完畢之後的奮力一搏，這不是勇氣。真正的勇氣就像是喝醉了，無所懼，把自己獻計出去當成供品，完完全全交給更宏偉的意志了。

3. 承認脆弱與平凡，才是真正的強者

承認脆弱有多難？一直都是扮演強者角色的你，難了。

　　我 2016 年在廣州認識了一位創業家鄭總，他說他創業起步晚了，但他其實也才三十歲，當時他的員工連同他老婆一共也才四位，短短三年的時間，到了 2019 年，他的公司規模已經發展到將近兩百位了。有一次我在台灣舉辦一場演講，人在廈門的他，還特地訂了六組和人一樣高的花架送來會場，高雅貴氣，我也受寵若驚，學生們更是驚艷還有海外的粉絲送花到現場來。

　　鄭總很有生意頭腦，滿腦子想的都是工作，誰會想到 2020 年一場新冠病毒疫情的肆虐，他公司的現金流出現很大的問題，當我再知道的時候，已經是他跳樓自殺的消息了，才三十出頭的年紀，我真的很訝異也很感慨。他的老婆跟我說他在跳樓前，傳了訊息給他的父母、老婆、公司的聯合創辦人及重要幹部，裡面都提到這麼一句話：「抱歉，讓你們失望了，我還是沒有成功。」

　　一生好強的鄭總，無法接受不成功的自己。

　　我和一位韓國的女藝人有了一次簡單的對話，她長得漂亮，多才多藝，可就是一直沒紅起來，她的父母親這些年打過幾次電話給她，說：「演藝圈如果混得不好，就回來吧！」

　　女孩回答父母親：「不成功，我絕不回來。」

　　幾年過去了，她還是沒成為大紅大紫的幸運兒，這些年來在韓國的演藝圈裡浮浮沉沉，自覺無顏見江東父母，女孩接受不了自己的失敗，在跨年的那一天凌晨，在家裡喝了農藥。自殺前，發了訊息給了她的父母親：「爸爸媽媽，對不起，請原諒我這個不孝女，我沒辦法成為你們的驕傲……」

　　這女孩，無法接受那個不成功的自己。

我在大陸看過一則新聞，一對夫妻為了讓兒子能夠有好的教育，省吃儉用、四處借錢在兒子學區買了房。兒子讀完高中之後，也順利考上好的大學，父母親可是高興得不得了。兒子大學才念了一年，就說他要退學不唸了，他說：「我要組建一個樂團。」夫妻倆怎麼勸告都沒有用。

媽媽越想越生氣，越想越失望，想著：「20 年來，我們二老省吃儉用，在你身上投入了這麼多時間和金錢，就是希望你將來有大出息，沒想到你竟然這麼不爭氣，我 20 年的努力都白費了。」說完，她從 23 樓陽臺跳了下去。

她，無法接受那個不成功的孩子。

不論在哪個國家，尤其是華人世界，一生都在與脆弱平凡為敵。

我們，痛恨那個不成功的自己。

我們，指責那個不成功的孩子。

我們，埋怨那個不成功的父母。

我有一年在全亞洲巡迴演講「好好睡覺」這系列講座，來自世界各地的朋友蜂擁而至。原來，有這麼多人睡不好覺，這幾十場的對話，我總結了一下，多數都來自精神壓力，而精神壓力的背後則是認知出了問題。

當時有一位男大學生跟我說，他好多年沒辦法好好睡覺，多夢、淺眠、磨牙，他知道自己的問題出自哪裡，最後語出驚人跟我說：「這一切都是因為我還沒成功。如果 28 歲以前，最遲 32 歲以前，我要是還不能脫離平凡，那我就自殺。」

我反問他，你的平凡是什麼？

他說：「沒有足夠的財富、被人瞧不起、到處受委屈、沒能獲得社會地位上稱職的頭銜、沒有權力足以影響他人，反正就是尚未成功的概念。」

社會本就是一個金字塔的結構，照這結構來定義成功，只有 1% 的人能站在巔峰，9% 的人略有所成，所以呢，90% 的人最後都會走向普通人，成為平凡，這是我們最終的結局。

古語所說：「幼有神童之譽，少懷大志，長而無聞，終乃與草木同朽。」

總有一天，我會變成那個看著兒子盪鞦韆的父親，你會變成默默疊著毛衣想著從前的女人，早晚而已啊。

電影《艋舺》裡面有一句台詞：「你知道嗎？風往哪個方向吹，草就要往那個方向倒。年輕的時候，我也曾經以為自己是風，可是最後遍體鱗傷，我才知道，原來我們都是草。」

真正的強者，是能夠承認自己的脆弱與平凡。

在《脆弱的力量》這本書中也提到了脆弱的迷思，人們總是把脆弱等同於軟弱，和害怕、自卑、悲傷、難過、失望、無能⋯⋯等黑暗的情緒連結在一起。所以我們絕對不可以脆弱，這讓我們覺得赤裸，還會引起所有人的哄堂大笑。這些黑暗的情緒已經深刻影響了我們的生活、感情、工作、領導方式了。

脆弱不是軟弱，不是輸的感覺，也不是逃避的行為。相反的，脆弱是勇者，沒有走過這一段承認脆弱與平凡的心理過程，不可能獲得真正的勇氣。當我們願意在生命每個當下直視脆弱，同時也撬開了自信、喜樂、創造力和一切的可能性。

承認脆弱與平凡不是弱者，相反的，這是具備勇氣的強者才有辦法做到，尤其是我們從小的教育，都是教我們怎麼變得優秀，怎麼在競爭中勝過他人，所以我們不能當個弱者，我們必須要越來越強才行。最後，讓自己張揚舞爪的成為最大的批評者，我們接受不了不成功的自己。

我們有勇氣面對死亡，卻沒有勇氣承認自己的脆弱與平凡。站出去，承認自己是脆弱與平凡，讓大家看見真正的你，這才是真正的勇者，才能真正與控制脫鉤。

4. 我不是燈泡，我是太陽

我不是一個沒有電就不能亮的燈泡，也不是一個忽明忽暗需要充電的燈泡。我是太陽，無須充電，自帶光芒。

生活中，我們多數人成了燈泡，需要有人對我們充電，否則我們會心理癱瘓、毫無生氣，永遠不再發亮了。

我們都看過電影，也曾經沒日沒夜的追過劇，除了顏值之外，怎麼知道誰是男女主角的？

「戲份。」

我們的眼光永遠只有在男女主角身上，男女主角縱使摔下懸崖，根本不用替他們擔心，為什麼？因為他們身上都有主角光環？還是你覺得這真的只是一場戲而已？

他們在面對這些難關考驗的時候，內心力量強大，甚至因禍得福，他們堅信自己死不了，雖然害怕，也沒有人可以阻止他們，就是這樣的底氣，所以他們的光環持續不滅的跟隨著他們，讓我們對

他們更有信心。男女主角不管遇到什麼人、到了什麼地方、遇到了什麼問題，他們永遠是那麼地光芒閃耀。

　　女主角到底是用什麼方式征服了男主角的？她什麼也沒做不是嗎？她只想專心的工作，可最後霸道總裁卻愛上了她，第二女主角百思不得其解：「為什麼？他是眼睛瞎了才會愛上這麼平凡的女孩子。」看戲的你們都知道原因，都知道怎麼做可以讓男主角喜歡，不是嗎？但是在生活中，卻都是做跟男主角／女主角背道而馳的行為，我們總依靠著外人才得以發光。不應該是這樣的，我不是燈泡，我本身就是太陽。

　　有位馬來西亞的學生寫信告訴我：「老師，我現在寫信給你，心裡很是激動，你男女主角的概念完全撬開顛覆了我的認知。明明這是屬於我自己的人生劇本，可我卻活在別人的劇本裡，演了一輩子的跟班丫鬟。我從未意識到我的人生，我就是唯一的女主角啊。」

　　她在內心找到了某種力量，她想擺脫控制，過去的她總是不敢做、不能做、不准做，但她不再這樣想了。過去的想法阻礙了她大半輩子。喜歡服飾的她，開啟了第一步，她去批了一些她自己喜歡的衣服來賣，也幫客人搭配穿著，她從來沒這麼興奮過，但也從沒這麼緊張過。

　　控制脫鉤，談何容易？她深深地倒抽一口氣，把自己交給更宏偉的意志，一步步都顯得特別踏實。

　　「老師，我還是忍不住想讓您知道，我這一季的營業額換算成台幣已經 112 萬了，我會飛去台灣找您，我要再次跟您說聲謝謝，原來當女主角這麼過癮，這樣的人生有意思多了。」

　　我回她：「我好替妳開心！」

　　她說：「因為我是女主角，自帶光環！」

　　你看，有人只是讀了一本書、聽了一場演講就改變了人生；有人積極參與課程，世界各地到處學習，生活卻一點改變也沒有。事在人為，你是燈泡還是太陽，一看便知。

　　看戲的我們都知道誰會有貴人、誰會有小人，都知道哪個是壞媳婦、壞女人。回到我們的生活中，我們比戲裡演的那些女人還可怕、比那些追求成功的男人還陰險，我們明知道哪些人會有好的結果、哪些人會下場悲慘，可我們還是做出了對我們不利的選擇。人性啊，本賤！

　　女主角一個轉角和男主角迎面撞擊，這一撞，註定了三生三世的情緣。我們都能預知女主角將成為被愛的女人了，你再看女二、女三、女四們，每天穿著漂漂亮亮用盡心機的站在街角，不但痴痴的等不到男主角的出現，迎來的全是無關緊要、滿腦肥腸二百五的無賴與流氓，這些女孩們接二連三成了一個又一個被撞的女人，全身黑青，疼痛不已，沒人攙扶、沒人心疼，哭喊著：天下男人沒有一個是好東西。

　　「我不是燈泡，我是太陽！」當這樣的認知進入到你的生命，面對突如而來的不順遂，持續在拓寬認知邊界的你也能像「張無忌」一樣，唸完就練完，思緒暢通，不會覺得那是困擾，貴人、資源、美好自然一併發生。

Topic 8

信 念

Topic 8

信念

膽怯是動搖、猶豫、遲疑、裹足不前、不夠堅定，找不到基礎和方向的在空中飄浮著，而信念則是完全大反之。

當我們在面對重重困難，看似失控的時候，仍然迎風破浪、披荊斬棘地走下去。要達到這樣的狀態，裡面肯定有某一種支撐的力量，那就是信念。信念不是固執，不是死不認錯，更不是盲目地堅持一個未經反思的原則。

信念，不是人云亦云的教條，也不是日復一日的儀式，更不是你喊喊口號做做樣子。它必須成為你用整個生命去承擔起來的思想，成為你人生中獨特的、最高的見證與巔峰。

有信念的人，不會想要去控制他人，也不會受他人影響。

案例　善良如你，只因這人間太值得！

婚禮現場，各桌酒席杯觥交錯，好不熱鬧，我轉身看見了一個小丑滿臉落寞的坐在地上。他剛剛上臺表演沒幾分鐘，被一個酒醉的客人給轟了下來，不讓他表演了，他蹲坐在一旁等待可以再上場的時刻！

沒人知道那張濃墨重彩的臉背後，隱藏了一個怎樣無可奈何的靈魂。可是他還是要揚起笑臉，取悅每一個人。他需要這份工作、他需要錢、他需要生活，他別無選擇。

生活中，我們又何嘗不是小丑呢？再大的工作壓力，面對親人和朋友，我們總是選擇若無其事，一個人在孤獨的夜裡黯然神傷。這世上每一份工作都有它的意義，每一份工作背後都藏著別人看不

到的苦處和難處。

在你沒有足夠的能力改變現狀之前，你只能帶著責任與信念堅定的走下去。我知道這很難，可是想想偌大的世界還有無數個和你同樣際遇的人，也許你會好過一點。

人生就是這樣，不是因為看到希望才會堅持，而是因為堅持才會看到希望。成年人的崩潰是默不作聲的，表明看上去風平浪靜，實際心裡已經翻江倒海。可能只是因為一件微不足道的小事；可能就在某一個瞬間，情緒突然潰不成軍，淚水止不住的往下流。

人生就像一條曲線，有高峰有低谷，而我們唯一能做的就是與黑暗抗爭，可以被擊倒、可以被虐哭，但絕不能被打敗。

工作的確很辛苦，可那是我們安身立命的本錢，是我們走向美好未來的唯一途徑。如果你現在不努力讓自己過上想要的生活，那麼以後就會有大把大把的時間，去過你不想要的生活。

北野武說過一句話，像我這種不安於室的生命特別有感：

「雖然辛苦，我還是會選擇那種滾燙的人生。」

年輕時，我們因為無知，所以無畏；可是隨著成熟，我更佩服那些因為有知，卻依然無畏的人。

羅曼羅蘭也說：「世界上只有一種英雄主義，那就是認清了生活的本質之後依然熱愛生活。」

人生道路上，多的是困難險阻，但迴盪不息的主旋律，是不期而遇的溫暖和生生不息的希望。當你經歷過所有挫折，熬過所有苦難，坐看春暖花開之時，你一定會感謝當初那個拚盡全力的自己。

你要相信，老天不會辜負每一個努力向上擁有信念的靈魂。

善良如你，只因這人間太值得。

「信念」定義

定義一　光有思想，單憑理性，你是走不遠的，思想背後還必須有一種力量來守護，使其不受影響

一個具備信念的人，都具備了兩個基本心理素質：**清醒的頭腦，以及強大的意志，二者合在一起那才是真正的「信念」**。頭腦越清醒，意志越強大，信念的力量便越超然。

清醒的頭腦，讓你始終能進行清楚明白的理性分析；而強大的意志，則讓你縱使歷經萬難，依然堅定不移地將理性原則貫徹下去。在一個荊棘密佈的世界上做一個有堅持，有目的，有原則的人，不忘初心。

定義二　和瘋狂勢均力敵對抗的理性力量

這世界還不瘋狂嗎？燒殺搶奪、道德淪喪，人人都有發言權，真真假假，圖個安身立命都是奢侈。想要在這環境中對抗瘋狂，你必須要有強大的內心力量——信念。

我們明明在一個真善美的世界，但在欲望橫流的環境裡，多數人早已向主流順從，言聽計從，徹底被控制征服了，假、惡、醜成了普世價值中最典型的瘋狂。

信念，為真善美帶來了極為強大的推動力，與瘋狂的假惡醜勢均力敵，並在重要時刻還要高出一截。信念真正的力量，在於直面瘋狂這個對手時，更顯示出真善美的堅定力量。

信念不是讓你迷失自我，成為體系中的一個棋子，化為集體中的一個分子，而是最終要讓你脫穎而出，成為那不可被複製，不可被摧毀，不可被歸納的「這一個」。

關於信念的觀點，你可以透過以下的思考與理解來拓寬你的認知邊界：

1. 信念本身就是震懾迷惑的力量，是瘋狂的天敵

語言、文字、影像是瘋狂最擅長控制他人的伎倆。動搖理性、催發感性，成功占據主導和支配多數人人生的最高地位。

這個世界變得不一樣了。曾幾何時，真善美的人開始不再表達自己的想法，反正也越來越少人想聽他們說話，很少人聽得懂真善美的人到底想表達些什麼，枯燥乏味，引不起群眾的眼球注意。瘋狂則不一樣，他們始終是嗜血的，主動挑起對立，在四處開立殺戮戰場，所到之所，都能引發眾人響應關注。

瘋狂四處攻城掠地，充分展示自己的存在，尤其透過鍵盤和媒體，你看看那些嘶聲力竭的人們，不論是政論節目、政治人物、名嘴、網紅、藝人，瘋狂的勢力連素人都亢奮地加入參加了。你會在新聞或社交平台上、在捷運裡、馬路邊、速食店，四處都可以看到很多人講話大聲、疾言厲色。他們只是讓更多人知道這樣的言行舉止完全符合瘋狂，但這不意味著這一類人有多厲害，其實展現出來

的全是內心世界的不安與焦慮，更是一個人低俗無知的成見與深深的匱乏。

看看他們，再看仔細一些，一次又一次高分貝的急呼、煽動性的言論，表演時間到了，是的，那些都是表演，**瘋狂熱愛表演，他們非常需要觀眾，這些表演不過就是一種隨處可見的景觀**，他們沒經過教化，身上獸性未褪，依然留有動物性的痕跡，相當具有侵略性。多數的真善美覺得適可而止，做出容忍，但卻讓這一群瘋狂的動物變本加厲。

真善美對待瘋狂的態度，從容忍到了敬畏，他們試圖對瘋狂進行批判，但真善美的力量是溫和的，最終只能保持一個安全的遠距離來觀察這一群「瘋狂」。

真善美的心中都有所願，祈禱國泰民安。諷刺的是，這社會卻是被極為少數的瘋狂所把持、控制，真善美明明是社會中的極多數，卻被瘋狂排斥、壓制、不得志、遺忘，瘋狂為何有此能耐？

我這些年也算是周遊列國、走訪了十幾個國家，數十個城市，我隨處都能遇見一群真善美的人群，從他們的眼神中看到清澈乾淨的人性光芒，多數人都非常願意為這社會做點什麼的，但為何依然感到孤立無助、奄奄一息呢？我們的生命不應該是一場悲劇。

瘋狂顧名思義，一定要瘋癲要狂妄，他們是一頭難以馴服的「野獸」，失去「人性」了。沒錯，瘋狂最鮮明的特徵在於，它能在一瞬間讓我們引以為傲的那些在我們人類身上的「人性」（理智、情感、意志、道德、文化、倫理、謙讓等等）土崩瓦解，一下子倒退回動物的狀態。人之初，一團肉，不再是性本善了。

　　人類成了「瘋狂動物」的象徵，他們不再是乖乖的、萌萌噠的寵物，而是令人聞風喪膽、毛骨悚然的瓦解力量。這種力量不是來自別處，而恰恰是來自人的本性深處。

　　面對瘋狂，諄諄教誨、循循善誘的說教力量，已經起不了作用。這就是讓我們無能為力感到挫折的原因。你若給予拳打腳踢，對瘋狂而言只是正中下懷，他們喜歡對立及衝突，只憑真善美根本不是瘋狂的對手。

　　瘋狂招式凌厲，花招百出。但瘋狂毫無底氣內功，他們根本撐不了多久時間；信念則不一樣了，它存在的本身，就是一種極度震攝迷惑的力量，信念一出場就是光芒萬丈，無法直視。這就是為什麼瘋狂的人也想擁有它！可惜的是，瘋狂縱使擁有它也不長久，因為瘋狂根本不相信信念這玩意兒。他們只相信自己，只願意弄亂他人，所以信念在瘋狂身上發揮不了太大的效果。

　　一個具備信念的人，能夠清楚的表達自己、闡釋世界、展現真理，瘋狂在信念面前，完全起不了作用、抬不起頭，失能，再度還原成一團肉的動物模樣，此刻才有機會真正教化。

　　信念是一股不妥協的正氣，能讓瘋狂回歸正道。迷惑不是蠱惑人心的妖術，而是一股得以讓瘋狂發現自己的原始樣貌——竟是真善美的力量，讓許多落入邪門歪道的瘋狂信徒們，一步一步地回到正道。信念的光芒閃耀溫暖，能讓瘋狂們放下屠刀立地成佛。

　　一個具備信念的人，他很清楚自己要的是什麼。對於瘋狂的主動招惹，信念總能繼續往前行，不為所動，沒有信念的人，走著走著也成了瘋狂。

　　就瘋狂而言，信念本身有著瘋狂不喜歡的特徵。瘋狂躁動反骨，信念穩定忠誠；瘋狂嗜血如命，信念淡雅芳香；瘋狂主動挑釁，信念寧靜自得；瘋狂使盡全力節節逼近，信念內功純厚收放自如。

　　瘋狂嗅得出來誰身上有信念，彷彿看到了天敵，能避一定避。具有信念的人，不是瘋狂可以招惹得起的。一個真正具備信念的人，方圓百里內，瘋狂是沒有辦法靠近欺身的。

2. 控制瘋狂，自己也成了囚鳥

　　瘋狂不能待在城市裡面，否則他們就會擾亂我們「正常」人并井有條的生活。他們必須被驅逐、隔離出去。面對少數瘋狂時，集體的約束力還是有一定的效果。

　　小學上課的時候，如果班裡有一個同學在那裡不停地講話、說笑、還戲弄同學、跑來跑去，該怎麼「處理」他呢？很簡單，把他趕出教室，與班上同學做出區隔，叫他在走廊罰站、好好反省，直到他安靜了、不吵鬧了，再放他進來教室。

　　但是，當班上淘氣頑皮的小孩越來越多了，站在走廊罰站已經不能解決這樣的問題，我們開始為這些孩子命名：害群之馬、沒用的小孩、社會的敗類。我們試著讓這些孩子看到自己的醜陋面貌，將他們暴露在大眾面前，讓他被千夫所指，他可能就會明白：「原來我在別人眼裡是這麼的糟糕啊！可不能再這麼荒唐地活下去了，我一定要改過自新，重新做人！」

　　利用群眾讓某些人能夠自覺並感到羞愧難當，那意味著這一群人還不是瘋狂，他們心裡還有那麼一點人性的殘餘，他們意識到自己

的問題，暴露對他們來說是有效用的。然而，對於那些罪大惡極真正瘋狂的人、那些完全失去理智的人，他們真會在意標籤嗎？在面對大眾的時候，他們的反應是「不以為恥，反以為榮」，會用盡渾身的力氣去表演、去表現自己身上的那股瘋勁，這是多麼美麗的景觀，他們這樣一表演，正好喚醒了還不夠瘋的人跟著一起加入了。

正所謂國有國法，家有家規。我們有了王權，法律，教會，學校、家庭、醫院、市場，倫理等等，如果沒有瘋狂，何須制立這些？所以我們的社會，簡直就是圍繞著瘋狂為主導的結構，把社會的方方面面都整合在一起了。

社會、企業、家庭的治理原型，正是一個大監獄。我們為他人打造禁閉室，做出了隔離，卻也讓自己進入了監獄裡；我們想要控制他人，自己先受其控制。

勒龐在《烏合之眾》中說道：「群眾是受集體暗示跟影響的，集體意識足以讓個體失能。這說明了瘋狂在集體意識中能變本加厲，無法銷聲匿跡。」

唯有信念，讓信念深植於人心，當信念的人越多，成了多數人的集體意識，那些在黑暗深淵中發出令人戰慄嚎叫、擾人心智的瘋狂便不再具有任何意義了。

瘋狂就像病毒，需要被治癒；信念就是解藥，將瘋狂還原，慢慢脫離原始獸性。現在的社會花了許多的資源在消除、處理瘋狂，百姓們學到的方式就是以暴制暴，只有更瘋狂才能對抗瘋狂，本想與瘋狂脫鉤，最後自己卻成了瘋狂。

一個有信念的人，能夠以一擋百的震懾瘋狂，我們卻沒有將這

樣對於信念的認知落實在生活中，**學習擁有一個清醒的頭腦和強大的意志，這才是會讓我們更具信念**，而非以盲導盲、人云亦云。

3. 信念是自顧自美麗，越看越歡喜

一個具備信念的人，他的關注從來不會在他人身上，往往是向內發展，底氣十足。不會因為外人的言行舉止、不會想著去糾正挑出他人的錯誤。他所看見的是美麗，而非醜陋。

你們為什麼只看到一個黑點？這麼大一張白紙你們看不見，卻偏偏盯住一個黑點呢？整天盯著他人，在字裡行間找出任何破綻，糾正他人，這完全是瘋狂的行徑。你瞧，他們多麼地沾沾自喜。

優秀成熟、有魅力的人，懂得取長補短、包容欣賞，而不是一味地去挑刺。反之，平庸之人俗不可耐，喜歡去抱怨和指責別人的缺點。他們眼中只能看見主觀的美好，而嘴上的包容感恩，也必須以自己能接受為前提。

每個人都是上帝咬過一口的蘋果。

如果你只能發現別人的缺口，而忽略了缺口之後的認真，那你就會在嘲笑別人中慢慢墮落，也成為他人嘲笑的對象。一個人唯有從別人的優點中，去不斷提高和完善自己，最後才會從中受益，然後越變越好，你會受人歡迎，處處有貴人。

《聖經》裡，有這樣一句話：「欲去掉別人身上的刺，首先要去掉自己眼裡的梁木。」

許多時刻，你看不見別人的優點，也無法真心祝福他人，更無法從別人身上學到好的閃光點。那是因為，你自己本身存在太多缺

點：格局太小、為人狹隘、腦中浮不了真、眼睛看不到善、嘴裡吐不出美，整個人簡直壞到底。

當你剔除心中的成見，當你變得謙虛溫暖，當你學會真心去讚揚別人時，你會遇見更好的自己。

4. 像上帝那樣允許假惡醜──
這就是最大的真善美，最大的信念

如果這個世界是上帝創造的，那祂在創造世界的時候肯定不是「**想要**」假惡醜，祂只是「**允許**」了假惡醜。如果上帝真「**想要**」假惡醜，那麼祂的意志本身就有問題了。「**允許**」假惡醜，就是把假惡醜當成了這個世界的其中一個元素，真善美與假惡醜共存的世界，堪稱完美和諧的世界。

這個世界如果只有男人或只有女人，那會是一個多麼單調而沒有生氣的傾斜世界啊！所以一個完美和諧的世界是好壞雜陳，不論好的壞的，也有著不同的種類和等級，它們之間形成了錯綜複雜但又無限精緻的結構和秩序。

如果，所有的創造物都已具備美德和理性，那還需要真善美嗎？

在這個世界，不是因為裡面有假惡醜，而是因為真善美和假惡醜之間形成了最完美的秩序，這個秩序才是上帝創造世界的時候「最期待」、「最希望」、「最想要」的吧。

這也是上帝對人類的一種考驗，心中有愛，就能允許假惡醜。這，就是真善美的極致，也是一個人的信念。

Topic 9

練 習

Topic 9

繁皙

揭露自己是困難的，革新自己也是困難的，自我覺醒更是困難，但「行動」，遠遠比它們都還要困難！這就是我們為何難以跨出下一步的原因，都只是嘴上說說而已。

「我們想要控制的東西，最後都會反過頭來控制我們。」

我要控制我的老公／老婆，控制我的媽媽／爸爸，控制我的小孩，控制我的老闆／員工⋯⋯這些關係人，只要稍微一個不見、行蹤怪異、電話沒回，還是跟誰出去吃飯，你就開始懷疑人生。我們不能沒有這些人，反倒受這些人嚴重控制了。

唯有接受，並且開始練習，身體力行，才能真正控制脫鉤。

案例　連續四屆拉丁舞世界冠軍

我透過朋友的介紹，在廈門認識了這一位 1988 年的小男生，他獲得了四次的拉丁舞世界冠軍，成績相當不錯。隨著年紀的漸長，他走向了創業之路，創業過程雖然辛苦但也順利。沒幾年時間，在全大陸培訓出近千名的舞蹈老師，頗具規模。

每回只要我去廈門，他總是熱情的招呼，我們無話不說，沒有太多的年齡隔閡。慢慢熟悉之後，他告訴我他不開心，已經找不回學生時代熱情跳舞的自己，每個月都想著學生到底要從哪裡來，每個月都在追著錢跑，擔心付不出薪水和房租，他比我想像中的還要更加的不開心。

這麼年輕的男孩，從小學五年級開始接觸拉丁舞，舞蹈生涯的最高峰，獲得了四屆的拉丁舞冠軍，他有沒有「孤獨」過？肯定

有，而且長達十多年。

十多年的「孤獨」，並沒有讓他的思想得以提升，反而因為屢獲佳績而更顯孤獨。

他說：「老師，我需要你。我真的很不快樂，我想跟你多學習，也打算把公司賣了。」

我說：「把公司賣了？！」

他說：「是的，這件事情我很認真的思考了好幾個月了。我覺得很失落，一個人也感到孤獨。」

他肯定無法清楚說出他孤獨的概念，或許他認為，他的孤獨就是一個人走在跳舞的道路上，沒人陪伴。但我認為他的孤獨，除了長期「被拋」的不好感受之外，關於他自身的自我感，也是孤獨很重要的因素。

我們約莫一年的時間沒有再碰過面，他再傳來的消息是：「我生病，得抑鬱症了，目前正在吃藥控制中，不知道該怎麼辦才好。」

他說自己，是一個很失敗的人，始終不夠成功。我並沒有順著他的話，往成功或失敗的方向深談下去。我認識他，也理解他，他現在的病情跟成功或失敗沒有太直接的關聯。我能夠協助他的是，如何能夠稍稍鬆動他腦袋裡長期控制他的認知，這才是真正的源頭。

我教他要開始「練習」，不是跳舞的練習，關於跳舞他已經練習了一輩子了，而是關於「拓寬認知邊界」的練習。他的認知一但升級，行為就會跟著做出改變了。

「練習」定義

定義一　設定清晰明確的目標，聚焦專注

設定目標非常好，但能夠清晰明確的話，效果將會非常強大。

聚焦專注地練習，能讓你的思緒集中。如果你不知道自己要往哪裡走，最後就真的不知所終了。

你的想法、願景、夢想，不論是什麼，會因為你對目標聚焦專注，而預言了你有朝一日一日會有的樣貌和成就。只要知道你要去哪裡，加上持續的練習，如何抵達的答案會在時機成熟時出現。

定義二　提高投入密度，獲得他人感受

人之所以停止學習、不再進步，並不是因為達到了天生能力的極限，而是因為某些原因不再練習，或是從未開始踏上練習之路。

包含意見回饋，並根據該回饋調整努力方向。練習的初期，得到的意見回饋多來自老師或教練，他們會監控訓練過程、點出問題，並提出解決之道。隨著時間和經驗累積，想要從學生提升到獨當一面的專家，則必須學會自我監督、察覺錯誤，隨之因應調整，並將練習的環環從教室提升到整個社會大眾，透過市場、他人的感受回饋，才能真實且快速地向上提升。

關於練習的觀點，你可以透過以下的思考與理解來拓寬你的認知邊界：

1. 戒掉癮頭：日常施虐／日常受虐的過度辯護基因

許多人早已對痛苦成癮，無意識地給自己和他人製造痛苦，生活中我們都在受虐跟施虐！

我們習慣去控制老公、老婆、小孩、員工、同儕，這種日常施虐與日常受虐成了我們的癮頭：

「沒有，我怎麼可能會對痛苦上癮呢？這是因為我女兒從小就很迷糊沒責任感，所以我要每天盯她，作業寫了沒，澡洗了沒。」

「我老公很懶，回家只會躺在沙發上滑手機，我對此很煩惱。」

「我的主管只知道逢迎諂媚，什麼事情都丟給我做，我真的很辛苦很累。」

戒掉癮頭，真的要一直練習。

人們是願意給予他人懲罰的。他們甘願付出更多的努力，做很多無聊的工作，只為了能夠去傷害別人，懲罰成了一種獲得快樂的動力。

為什麼已讀不想回？因為你正在生氣，所以要去懲罰對方，這樣可以讓自己感覺舒服一點，或者乾脆不讀不回，這也讓人感到挺爽快的。懲罰他人，成了獲取快樂的動力，但這樣的行為並不能為自己帶來任何收益，只是單純想從中得到快感，最後你失去了對方。

你有沒有曾經這樣過？不管對方是善意或惡意，反正你也不是太喜歡對方，所以最好你感覺到的是惡意，或著就直接解讀成是惡意的，才能理直氣壯地回應、反激回去。日常施虐成了我們生活中不可或缺的糧食，確實讓你在當下獲得快感及滿足，但沒多久後，

你就感到痛苦，依然不開心。隨伴而來的就是日常受虐，虐待完他人，有股神祕的力量會流回來加倍奉還。你有種受害者的心境，為什麼大家要這樣對我？

我們想去控制所有的事情，但不想被任何人控制，所以你認為，若真想要擺脫控制，最快的方法就是比對方更快一步取得控制權。控制他人並為自己辯護，這讓我們感到真實的存在著。

很多人錯在先，但為了要掌控全局，他們會先聲奪人、氣勢贏人，讓對方感到恐懼害怕，對多數人來說這確實是一個好方法。

「請先放下自己最放不下的癮頭——想控制一切——的念頭。」

你當然知道自己沒把地掃好，但你不願接受他人的提醒，可能你也認為他人是不懷好意地在指責，所以對方才清個喉嚨，話都還沒說，你就後發先至，比對方更快一步地告知對方：「為什麼碗沒有洗好？你這樣造成我很大的困擾，還不快去處理！」

我們常常會用——對方是錯的——的概念，來展現自身的高度。若對方沒有太大的駁斥，那我就往這個地方繼續將這錯誤再放大一些，讓對方忘記我沒有把地掃好這件事情。搶得先機，就是施虐的第一步。

日常施虐的人，一定會遭遇到對方或其他人更強的反作用力，四面楚歌、處處受阻，他會用更大的力氣去為自己辯護。而辯護的過程，則又是另一個更大的施虐力道。

我們每個人在想辦法與控制脫鉤，施虐者卻熱愛控制、與控制層層相扣。別說要活出生命了，連呼吸都感到困難，他們早已上癮。

2. 想到某件事可能發生，你就已經想太多

心理落差，就是起始點與終點的差距。

為了明天的考試，你整個晚上都在用功的唸書，本預計能考 90 分，但最後考了 60 分。90 分就是你的起始點，60 分則你的終點，這 30 分的差距就是你的心理落差，你沒辦法接受這樣的結果。

我本以為年終獎金可以有十萬塊，但最後只有八萬。起始點是十萬元，終點是八萬元，我無法接受這樣的事實，爲少掉了兩萬元在那悶悶不樂，甚至萌生退意，這樣的公司不待也罷，差不多該是去找新的工作的時候了。

想太多的概念是：

1. **放下**：現在的體驗不是我此刻該有的體驗。

你的體驗不在兩端的任一端，你真正在意的是兩端之間造成的心理落差，這落差才是你真正應該要有的體驗。

我應該有十萬元的，但現在卻只有八萬元。你想要拿到十萬，可最後沒有拿到預期的金額，你為此感到難受，但你不是一毛錢都沒拿到，你只是比預期少拿了兩萬。心理落差是兩萬元的差距，兩萬元才是你真正該有的難受體驗，但我們不自覺的把難受的體驗拉高到起始點的十萬，本該只是兩萬元的難受等級，卻被我們操作成十萬元的難受等級了，於是我們越想越難受，越來越痛苦。

2. **抗拒**：接受，停止對幹，就會看到神奇之處。

接受實情，與真實的感受建立連結。不是我應該怎樣、或許還可以怎樣，而是既然如此，就是這樣。接受給我們加持，為我們帶

來力量。放棄抵抗，就能找到接受的力量。

你眼前發生的事情，去接受它，而不是去反抗。譬如：「公司規定現在改成早上八點半上班。」既然都對外宣布了，它就不會為了你一個人改回九點，嚷嚷有什麼用呢？你可以不認同，但你要去反抗嗎？你也可以選擇離職，或者就是接受這樣的結果。

我之前工作時，老闆把上班時間從九點改成八點半，有一位同事非常不能接受這樣的政策，找了老闆爭論，最後當然沒有成功，他一直耿耿於懷，沒多久就離職了。有人離職找到了更好的發展，可惜他不是那一個幸運的人，都過了四年，依然沒能找到如他預期的工作，一直都不是太順利，他自己面子拉不住，不想承認是自己的衝動，一千多天鬱鬱寡歡的日子，確實挺折騰人的。

有一位企業家很急著找我對話，我們來來回回約了五六次才敲定時間。聊了大約二十多分鐘，我實在忍不住地問了他：「你是不是在想著，此刻這個時間你老婆是在別人的床上嗎？」

他看我一下，以為他聽錯了。

我重複了一次：「你老婆這個時間是不是在偷漢子，跟其他男人上床了？」

他覺得莫名其妙，很訝異我竟會這樣問他，回了我：「什麼？」

我又說了一次：「我問你，你老婆現在是不是跟別人上床了？」

他就說：「沒有，別胡說！」

我說：「那你的小孩是出了意外嗎？」

他就說：「沒有！」

我繼續說：「都沒有，那你為什麼一定要知道所有細節呢？這

二十分鐘你不停的打電話，不停的問細節追蹤下落，你有沒有想過你的目的是什麼？你這三個星期以來，一直焦急的找我想跟我討論你的事業，我們好不容易才約好，最後你從開始到現在，卻忙著用手機追蹤你的老婆和小孩。既然你的老婆沒跟人家上床、小孩也平安沒事，你卻想要知道所有細節，你是不是想太多了？」

我跟那位企業家說：「你的老婆與小孩就是『日常受虐』的對象，而『日常施虐』則是來自你本身啊！」

當然，受虐的人也很變態、欠揍活該，只要有那麼一天沒被老公打罵還覺得怪怪的。

曾經有位太太她說她太痛苦了，每天都要跟老公回報她的行程，如果時間對不上來，老公就認為她說謊，她必須跪下認錯，直到把完整的行程寫出來。

但老公並沒有這樣就放過她：「妳把上個月的行程再重寫一遍給我，我看看你上個月是不是在騙我。」

我問她：「所以妳真的感到痛苦嗎？」

她很疑惑的表情看著我：「這樣的生活，任誰都受不了的，我怎麼會不痛苦……」

我告訴她：「不，妳很享受。妳有沒有發現我們對話這半個多小時，妳的狀態、眼神都不在我們兩人之間，妳滑著手機，妳驚訝著老公怎麼到現在還沒找妳？妳確實想要擺脫老公的控制，因為這讓妳感到痛苦，但妳又一直享受著這樣的全面控制。」

她說：「我會一直看手機，是要確認他有沒有找我啊。」

人就是這樣，永遠花時間在這些細節上。上了癮，最後就是施

與虐的心理矛盾衝突。

我嘗試著跟所有的媽媽們說：「妳女兒已經跟妳說會晚點到了，妳就是會擔心，妳當然可以擔心，其實沒什麼好擔心，但妳就是無法放心，於是妳每兩分鐘追問一次女兒現在到哪裡了。」

多數的媽媽們會這麼回應我：「我女兒現在才念高中，她說要自己一個人坐公車、坐捷運回家，我們總是擔心啊！」

我們總是擔心，是的，天下父母心，但前提是，你也知道關心過了頭。**我們的生活總是願意為了確認不再擔心，而付出了高於你原本應該付出的代價。**我們都想太多了，都要開始練習放下，開始去接受，不要去抗拒。某些細節，讓它透過一陣風吹了過去，這才是我們需要去練習的。

我們透過愛與擔心，把控制的頻率越做越大了。

3. 不是同情，請對我莞爾一笑

我們會為了一句他人對我們的觀感，成為他人想要的那個樣子。

譬如說，妳今天穿了一件連身旗袍，大家都說：「哇～妳把旗袍穿得好漂亮！」妳下回去逛街看到旗袍，肯定會多逗留一些時間，想說再多買幾件吧。

燙了新頭髮，大家說：「哇～我覺得這個髮型很適合妳耶，整個變得好有精神又年輕。」妳這髮型就維持了三年。

人家說你適合穿褲子，你就開始穿褲子；我發現你好適合唱抒情歌喔，從此以後你就都唱抒情歌了。我們會為了別人喜歡我的什麼樣子，然後就成為那個樣子。

　　我們都不是很確定自己這樣說、這樣做、這樣想、這樣穿、這樣唱到底好不好、有多好，可是他人一句讚美的觀感，卻足以改變我們對自己的不相信，並提升自己的信心。

　　他人的觀感對我們的認知起了極大的效應，直接進入潛意識改變我們的想法。

　　既然他人的觀感對我們的影響這麼大，我何不就改變他人對我的觀感呢？**改變他人對我的觀感，透過他人的觀感作用在自己身上，遠比自己說服自己來的輕鬆有效多了。**

　　有沒有可能，有那麼一天，我剪去留了多年的長髮，成了俐落俏麗的短髮女孩，這短髮的樣貌讓我感到滿意極了，我展現自信並讓你對著我說：「我覺得妳短髮看起來更有魅力耶。」就這麼一句從他人口中說出的觀點，你會更加愛上短髮的自己，而不再依賴多年的長髮了。

　　因為我們的真實改變，連帶他人對我們的觀感也跟著改變。而他人的觀感又直接回饋作用在我們自己身上，我們會更喜歡自己此刻的狀態及樣貌了。

　　如果我能夠做到讓你對我過去發生的經歷莞爾一笑，這就代表我已經成為我過去的主人了。

　　你依然同情我的過去或曾經的遭遇，這只會加深我受害的記憶，讓我繼續扮演著他人眼中那個需要同情的樣貌。

　　一個遭受家暴的男同學，每每提及原生家庭，他的身體會發抖、會咆哮、會出現攻擊，多數人很同情他，覺得他好可憐，但卻不知道該怎麼協助他走出這樣的傷痛。

我跟這位男同學說，你始終無法從家暴的陰影中走出來，又如何去改變大家對你的觀點呢，大家越是同情你的遭遇，你就越難跳出這樣的傷痛；我也請其他同學一起努力，與其同情這位同學，不如自在坦然的去面對這位男同學，拍拍他的肩，開朗莞爾一笑地對他說：「你好棒，我們都要向你多學習。」

獲得他人的同情，只會成為他人同情的樣貌，最後還是跳脫不了過去的陰影，結果讓自己活在過去的傷痛裡。如果你的內心藏有那麼一絲傷痛，你可以選擇不說出來，但你絕對可以主動的改變他人對你的觀點。直到有那麼一天，在某個時間點，你會展現釋懷，自然地與他人侃侃而談。

「我們早就都知道你這麼胖了，有什麼好遮的！」

「原來你們早就知道了，以前我跟你們說我怕水、不會游泳，都是騙你們的。」

「我們都知道啊，哈哈哈哈。」

你有一天終會明白，大家的莞爾一笑多麼具有療癒的神奇力量，將我們身上的金箍咒取下，再也不受這長年深藏內心的魔咒控制。

你生命中一定有某些祕密至今是你無法跨越的，譬如：「我還恨我爸。」很 OK 啊，那又怎樣，成熟的第三者不會逼著你現在、立刻、馬上回去向你父親下跪道歉，不然你會事業不順、財富不佳，這些可怕的話術，都是被有心人操作出來的。

善意的第三者只會接納你此刻的狀況，陪伴在你身邊就好。

「我知道你恨你爸，恩，這樣就好，謝謝你願意讓我知道。」我會對你莞爾一笑，你的心裡肯定舒服多了。

但如果我只是一味的同情你：「你好可憐，竟然從小被打成這個樣子，你真的好可憐哦，怎麼會有這樣的爸媽啊……」這樣的說法，只會讓你和你爸之間的距離越來越遠，一點幫助也沒有。同情，沒有辦法幫助你從痛苦的關係裡解套出來，但莞爾一笑可以。

「你知道我離過婚嗎？」我確實很同情妳的遭遇，但我會對妳的過去莞爾一笑，讓妳不再閃躲，這個世界上又多了一個人能夠讓妳坦然說出「我離過婚」、「我過去的婚姻是怎樣的情況」。妳再也不害怕了，可以隨意談起了。以前前夫好比是佛地魔，任何人都不准提起。現在妳不用遮遮掩掩了，傷疤還在，但不痛了。我相信每一個被火紋身的傷疤背後都是動人的故事。

不是同情，請對我菀爾一笑。你我都要在生活中多加練習。

4. 重返孤獨：一個人有意識的練習

孤獨是思想的源頭。過去至今，你感到最孤獨的時刻是何時？還記得那時候的感受嗎？讓我們一起重返孤獨，再次體驗那樣的感受。但請你不要感到害怕，因為這一次是帶著意識進入到孤獨之中，這是一個有意識的練習。重返孤獨會喚醒每個人內心思想的力量，你會再次看見自己的初衷，放下接受眼前的考驗與不得已。

有意識的練習是私底下的、獨自的，不會是群體吆喝著：「來來來，我們全班一起，大家一起來……」被群體操作拉回到過去的某個情境，確實讓你回憶起了某些片段，但無法為你帶來思想的力量。但有意識的重返孤獨可以。

開始練習有意識地重返孤獨，你會再次感受到當時發生的事件，

至今依舊無法釋懷、心裡還有疙瘩。但孤獨帶來的思想力量，會解除你內心深層的封印，一但打開了第一個抽屜，之後會再為你打開十個抽屜的連鎖反應。

回到之前拉丁舞世界冠軍的例子，我對他說：「你不要跟我講說誰對不起你、不要跟我說小時候爸媽是如何要求你去跳舞、不要去跟你的員工說：『你們就是要跳舞，我當初也是這樣跳出來的，不這樣跳的話沒辦法得世界冠軍！』請你把這些癮頭戒掉。你最該練習的是，想一想這些年你最孤獨的那段時間，是你進步最多的時刻。你會重新找到你自己，直到有那麼一天，你真心的對自己發生的一切莞爾一笑。恭喜你更上一層樓，活出你自己了！」

四個月後，他告訴我他辭退了四百多位老師，舞蹈學院的規模變小了一些，他看到了自己的心理流動。他這幾個月的感受是孤獨的，他確實刻意練習，卻成長很快，他看到了思想的力量，他做了大量「內在的練習」。

他說：「老師，我規模雖然縮小了一些，但因為支出減少，結果我的收入反而變多了耶，整個人精神好了起來。」

我說：「你從小就是一個極度自律的人，自律的人不會覺得這是難受，而是感到快樂。」

Topic 10

自　律

Topic 10

自律

自律是建立在「認識自我」和「世界和諧秩序」的基礎上，清楚地找到自己在這個秩序之中的恰當位置，明辨輕重緩急。知道自己能做什麼、該做什麼，然後主動做出排序與選擇，實現各種力量的平衡。

不自律者，一步錯步步錯；自律者，人生將帶向一個至真至善至美的境界。

案例　響徹雲霄，高手在民間

我在公園被歌聲吸引，再往內走去一探究竟，全是 70 ～ 80 歲左右的爺奶們，其中還有好幾位都 90 多歲了。站著的十幾位是負責唱歌的，有一位正在指揮，還有七八位坐著的是負責樂器演奏，他們忘乎所以地沉浸在聲音的世界裡。

圍觀路人對我說，這些老人家，只要不碰到雨雪天氣，天天都會來，已經維持七、八年了。他們演奏完，我和其中幾位奶奶們聊了起來：「我真是佩服妳們，很多年輕人都做不到像妳們這樣自律。」

奶奶爽朗地笑了笑，回答我：「什麼自律啊？！我們只是熱愛生活。不能因為退休沒事做了，就讓自己垮下去啊！我呀，就是喜歡勁勁兒地活著。」

這句話聽起來真令人激動熱淚盈眶，它掃走了我連日來忙碌緊湊積壓的頹氣，相較之下，我根本是無病呻吟！

沒有例外，只要你還深深地熱愛生活，就像這些爺爺奶奶們展

現的那種美，你也可以隨時成為。眼前這位奶奶跟我聊到，她的老伴沒能陪她走到現在，16 年前先離開人間了。提起老伴，她心中還是帶點程度的思念與落寞。

所以你看，哪個人能不被生活打擊一下呢？

誰都一樣，大家都會有身在迷霧森林茫然無措，陷入自卑、自責、自怨、自傷的時候。有些人從此再也走不出迷霧，自暴自棄地沉淪下去，放棄了對自己更高的要求，最後只能對生活抱拳認輸。

而這幾位在民間的高手爺奶們，不管他們曾經怎樣自怨自艾過，在我看來，他們早已爬起身來，漂漂亮亮地戴上拳擊手套，將生活給打擊、反彈回去。最後，他們贏了！

你過得不快樂，或者是活得不蓬勃，也許就是因為你和廣場上高歌跳舞的爺奶們，差了那多一次的爬起、多一次的出擊、多一次的我不同意。

我不只從他們身上看見自律，更看到這種向死而生的勇氣，以及像他們一樣擁有觸底反彈的生命力。

自律的人啊，有了無所畏懼，和強韌到穿透城市鋼筋水泥的勇氣，生活根本就不是什麼難事。想做就去做，想要什麼就去努力爭取，凡事靠自己能力得到，沒踩別人的底線，對得起自己的良心，無愧則無懼。

「自律」定義

定義一 **自律是一種排序的取捨，是正義的化身**

清楚分辨輕重緩急並做出選擇，這是自律中最重要的，排序後而選擇，讓自己的世界以一種和諧有序的狀態存在著。

自律就是正義。在這和諧有序的狀態中，自律與自律之間，會分享共同的理念和理想，他們不是處於彼此紛爭的狀態，他們都清楚自己的恰當位置在哪裡，不會僭越，也不會彼此傾軋。而不自律者就不一樣了，他們以自己的私利為前提做出排序，不交代說明，又讓人充滿問號，沒有原則、不講道理，破壞了組織與團體，甚至做出任何傷天害理的事情。

定義二 **自律是一種克制自己的情緒，
而讓自己行動直到目標完成的能力**

自律指的是，在那一時刻，你的行為是由你的想法而做出更好的決定，而非你的感情。在對你的一生有很大影響的大事情面前，自律常常意味著犧牲樂趣和避免一時的衝動。即使在最初的熱情褪去後，仍然繼續完成一個想法或者項目。

自律的第一個特性：自知之明。

你知道決定了並做出什麼樣的行為將會反映在你的目標和價值，這可能影響整個團體，這個過程需要自省和自我分析。

自律的第二特性：清醒的認識。

　　自律依賴於對你正在做的和還沒有做的事情時的清醒的認識。如果你都不知道你的行為是不自律的，你如何能夠讓自己自律呢？

　　關於自律的觀點，你可以透過以下的思考與理解來拓寬你的認知邊界：

1. 自律是正義的化身，讓他人獲取恰如其分的利益

　　「欠債還錢是一種正義的表現嗎？」

　　「拿了人家的東西，還給人家，當然是正義啊！」

　　你的友人正因為吸食毒品，整個人神智不清、不能控制自己，這個時候是不是該把你之前向他借的車鑰匙「還給」他，好讓他開車出門去呢？顯然不行，因為你很有可能會害了他，甚至自己也受到傷害。

　　不僅不能還給他，還必須好好的懲罰他。讓他知道他這樣吸毒是錯的行為，就算他事後討厭你，你還是堅持報警請員警來處理，並通知他的家人。

　　所以，正義有個前提，不能創造出破壞性的後果，不能讓你的朋友最後因為吸毒殺了自己或別人。

　　「欠債還錢」後面再加上一個「與人為善」、「與人為惡」的附加條件，這就更符合正義了。「為善」和「為惡」都可以是正義的，關鍵的要點就不在於具體的方式，而是要針對不同的人時，我們選擇了某種恰當的方式，這才是正義。

　　正義的人會因為讓他人受益其中，自己也成為一個強大的人。

　　好比一個國家，統治者在治理時想著如何讓百姓們獲得利益，

這就是正義的概念。但如果統治者在治理國家時，並不是要讓百姓獲得利益，而是自己及自家人中飽私囊，被統治者會服從嗎？當然就不服從了，天天跟你鬧，反倒創造出破壞性的結果了，甚至造成國家動盪不安的局面，這就是自私自利，如何統治？

　　一家企業負責人創建公司賺取利潤，沒有讓員工獲得該有的利益，這當然就不是正義了。員工之間無法對公司服從、對政策遵從、對產品認同，公司自然也就大亂了。

　　不正義的人，他們的行為法則裡沒有原則。思考層次不夠全面，看似講道理，但只用自己的角度、立場、需求來評估，為了自己的私利，把自己的情緒毫不顧慮地放進單位、組織、團隊、群體裡，造成許多人的麻煩困擾。

　　正義者和不義者分別代表的就是「尊重」和「愚昧」。正義最終趨向的是智慧與善，它體現出的是「心靈的德性」；不正義者，則是搶奪、自利、事不關己，從中獲取想要的利益，用盡心機，終其一生，什麼也得不到。

　　不正義的人，他的排序已經很清楚了，是以搶奪、生存、自利為前提，已經破壞了和諧，縱使他有著規律的生活、完成每一階段的目標、有著良好的體態，他依然不符合自律。自律是一種排序的取捨，是正義的化身。我們在決定要做還是不要做、要去還是不要去、要說還是不要說之間，方方面面都要想到的是這些神情、語言、行為帶給他人的是利益與幫助，或者是自利、問號與衝突。

　　正義的人想到的是，在他做出要與不要的選擇後，是否會造成大家的困擾，若會，則重新排序，才展開行動；不正義的人，在第

一時間只想著自己的要或不要，不會想到其他人該怎麼因應你個人的選擇所造成的連鎖反應，他才不管別人是怎麼想的。

　　一個自律的人會帶給單位、組織、團隊、群體更大的和諧，自己才能受益其中。

2. 樂意它，是要它本身，而不是要它的後果

　　尊重自己的選擇，欣然接受這樣的結果，而非選擇後又摻雜著各種情緒和觀念的衝突情感。

　　一個自律的人，內心呈現的是一種簡單純粹的選擇，不涉及其他外部的功利和動機，呈現出你成熟的擇後狀態。

　　但在更多時候我們必須承認，多數人之所以會做出這個選擇，不是因為愛上這個選擇本身，而是做了這個選擇，會為我們帶來報酬和其他種種隨之而來的利益。我們一直以來，就是如此選擇朋友、伴侶、工作的，是嗎？

　　「我真的很不喜歡這份工作、這個老闆、這個情人、這個人……，你沒有辦法想像我有多麼討厭這些人事物，每天水深火熱，我好痛苦。」

　　「那當初為什麼要做出這樣的選擇？既然如此，為何還不離開讓你痛苦的人事物呢？」

　　「是不喜歡啊，但這樣可以為我帶來利益啊，我需要他們。」

　　有的人在獲取利益與感受痛苦之間煎熬著，但因為想要的利益還沒達到，不用多久時間，你看著，他就會理直氣壯親自摧毀了自己當初的選擇、這份工作或這個人。

　　所以從人的本性來說，大家還是自私自利的。只要能得到自己的利益，又不殺人放火，三天兩頭切換跑道有什麼關係？天天發誓也可以，縱使遊走在道德邊緣，什麼手段都是可以允許的。

　　但請你別忘了，這個世界上不是只有你一個人，你追逐私利，別人也是如此啊。如果每個人都這樣，那這個世界還不亂套？人與人之間，每時每刻都要陷入衝突乃至戰爭了。

　　越是自律的人，他的狀態是清楚而穩定的。他會做出這個選擇，是因為喜歡這個選擇本身，而非利益。老天爺全看在眼裡，賞罰分明，自律的人自然能夠得到金幣一袋。

3. 不是飄浮的蒲公英，你已占有一席之地

　　如果你有足夠大的權力和勢力，可以為所欲為又不受到限制和懲罰，你腦袋裡面還會無時無刻想著自律這件事情嗎？

　　會！

　　這麼回答的，很有可能你就是屬於少數快要消失的那一群人。但更有可能是，你的權利和勢力還不夠大！

　　自律是因為你受夠了。你太想要自由，太想要跟那些有權有勢的人一樣，不受限制和懲罰，一個人之所以追求自律，內心深處肯定有他想要獲得或改變的因素，而這就是控制脫鈎的概念。他想要讓自己變的不一樣，他受夠了無根的生活，他始終找不到可以落地的地方，一陣輕風、一場小雨就可以將他帶離到其他地方去。

　　要嘛繼續任憑風吹雨打，歷經滄桑；要嘛做出選擇，奮力一搏，找到自己在世界中的位置。自律的人會在惰性與激情相互衝撞下獲

得一種平衡，為自己的人生開出一朵新的生命之花，讓風雨成了你的養分而非迫害。因為自律，你活出了自己的人生，活出了別人羨慕的樣子，你成為了你自己，在這世界上你已占有一席之地。

不論國家公司或是家庭群體，每個人遵循自律的原則，愛上自己的每一個選擇，在大的秩序裡找到自己的位置，遵守規則、彼此尊重，這才是自律最基本體現。

4. 直觀太陽：
讓你的生命整個地大轉向，發生天翻地覆的變化

生命該如何逆襲？

我們是如何從一個懵懵懂懂的盲人，提升為目光澄澈的智者呢？這個「開竅」的過程究竟是什麼樣的心路歷程？

探索內心世界絕對不是歸類在興趣的範疇。「我沒興趣」、「等我有時間的時候再說吧」這宣告著自我覺醒的遙遙無期。自我覺醒，是潛藏於內心世界中相當珍貴的財富。

就算讓所有人回到過去，二十年之後，偉人依然還是那些人，為什麼？看看那些站在顛峰、熠熠生光的偉人們，他們為什麼願意從黑白世界的天羅地網跨出第一步，他們難道不知道這勢必經歷一番撕心裂肺的痛苦嗎？這過程肯定讓一個人的整個身體和心靈產生排山倒海的混亂與不堪，一波未平一坡又起，這樣的生活誰受得了？他們為什麼要這麼貪玩不聽話呢？

很多人在還沒跨出舒適圈就已經耗盡了生命，有些人才稍稍離開舒適圈，就又被抓回去了。蘇格拉底屢次用「被迫看火光本身」、

「硬拉他走上一條陡峭崎嶇的坡道」、以及「被強迫著走很痛苦」這樣的說法,因為這就是一個無比艱難的心路歷程,把你的內心世界,深深地從過去牢固的繭裡掙脫出來。突破舒適圈,就是擺脫了控制,煥然新生,到了這個階段算是開竅了。他攀上了巔峰,成了偉人,成了覺醒者。

生命之所以難能可貴,不是因為你比他人多懂了多少,不是因為你從可見世界上升到所學的可知世界那麼簡單。它還必須要回來,重新回到舒適圈裡去,去教化、喚醒那些仍然處於昏睡、懵懂、感到恐懼的靈魂們。「從暗處到亮處」,再從「亮處到暗處」,前一條道路已經如此艱難,第二條的反折之路更是考驗人的心性,磨練人的耐性。

覺醒者擺脫了舒適圈的控制,歷經千辛萬苦喚醒了自己的內心世界,洞察了生命至高的真理。他回來了,回到孕育他的地方裡面去履行他的義務,這是因為如果沒有這一群人當時的教化與培養,他無法獲得覺醒並重獲新生,所以他必須回來!

只有自律的人才有辦法做到這一點。共好、反饋,讓他人獲得利益。從國家企業到家庭團體,造就了一個人內心世界的覺醒,**自律的人必須回饋孕育他的地方,進一步維護這個世界的秩序。**

「沒受過教育的人」和「知識分子」都不能真正獲得管理的權力。他們的管理只會成為毀滅的控制。沒受過教育的人,只是懵懵懂懂的昏睡者,當然不行;知識分子更不行,他們雖然具有洞察真理的頂尖能力,也具備了理念和本質的各項專業知識,他們一直都是站在巔峰的人生勝利組,但一直以來,他們在人生道路的認知上

是單向的。也就是說，這些人從某個地方出來之後，就不曾想過也沒這動機和力量想要再回去了，他們只想追逐成功，所以他們不是**覺醒者，也不懂自律的真諦：共好、反饋、讓他人獲得利益。**

在思想的引導之下，我們看見了內心世界的光亮。那是陽光，我們開始學會直視陽光。你的內心世界本就有這些思考能力，去直觀它，它會啟動你內在的強大潛能，讓它趨向更高遠的境界。

所以，**成為一位覺醒者，你要創造屬於你自己的反折路線，再進一步地去喚醒更多的人，給予更多人幫助，**讓你自己內心的正義秩序散播到周圍，驅動整個國家和世界不斷向善。

自律的人總能做出示範。你們的存在讓我們相信，生命是可以轉向逆襲的；自律的人，感受到的生命不是苦痛折磨，而是無比的快樂，原來快樂是這樣的感覺。

Topic 11

快 樂

Topic 11

快樂

何不丟棄人生控制器？五感（眼耳鼻舌身）消失了，我們到底還要追求什麼？我們總是習慣著，在任何食衣住行育樂上做決定。

所有的對應機制，在我們人生中建立成為了我們的人格。這一切都來自於，我們想要掌握身邊發生什麼事情的控制欲望。

這快樂是短暫的。或者，這根本不符合快樂。這不是快樂。

案例　國稅局公務人員再七年退休

2008 年，有一位 45 歲在公家機關上班的大姊，她跟我說再七年就可以退休了。如果你是一位公務人員，剩七年退休，你會直接辭職不幹了，還是再等七年？

我跟大姊聊完的半年後，收到她從西班牙寄來的明信片：「當時跟你談話結束後，我回家思考了很多，終於跨出了第一步，我離職了，謝謝你。」

這位大姊在半年前，不過跟個陌生人（我）聊了一個多小時，沒多久後她就離職了。如果你是她的家人、同事、朋友，你會怎麼看她？又會怎麼看我？我還能活到現在，沒被她家人、同事、朋友追殺，實屬萬幸。

她去了西班牙學跳舞。是的，她是去學跳舞而非創業或工作。我現在已經不太記得，當年到底跟她說了什麼，只印象她說，從小到大她最喜歡的興趣就是跳舞，這遺憾幾十年了，她不想要人生就這麼過完，七年後退休，她年紀可能更大了，身體狀況如何也無法預測。

　　就這樣，在與我聊完後的幾個月，她離職，飛去了西班牙。到底是什麼讓她有這樣的決心，哪來的勇氣？我當時知道這個消息時，確實感到衝擊震撼，可現在我才稍稍理解到，這是多麼快樂的人生啊！

案例　他是我舅舅

　　這個案例也是發生在 2008 年。有兩個男生來找我，其中一個男孩很年輕，可能高中或大學，另一個則相對稍微年紀再大一些，但我不確定幾歲。

　　我在與他們倆諮詢的過程中，看到了他們倆人的手，一直都是十指緊扣牽在一起的，小男生頭靠在另一個男生的肩膀上，很會撒嬌，看起來很甜蜜的。

　　我的直覺告訴我他們倆是情侶！聊了好一陣子之後，小男生無拘束的說著：「他是我舅舅啦。」

　　「舅舅跟外甥？那你們感情也太好了吧！」

　　我聽到了他們兩個聊到關於「前任」，聽起來，這前任不僅跟他們倆都認識，還持續保持聯繫且互動的很頻繁。

　　我問了小男生說：「所以你舅舅的前任你也認識哦？」

　　他就說：「認識啊！」

　　我轉頭問舅舅說：「你外甥跟你前任很熟嗎？你前任剛剛直接打電話給你外甥約吃晚餐？」

　　舅舅脫口說出：「就我姊夫啊！」

　　我說：「姊夫？姊夫是什麼意思？」

舅舅說：「關係確實有點複雜，這也是我們今天來找你的原因。我的前任男友就是我的姊夫，也就是我姊姊的老公。」

這其實對我來說已經相當震驚了，跟自己的姊夫在一起是什麼情況？我心裡突然一驚，眼前這個小男生一直叫他舅舅，「所以他的前任男友，也就是他的姊夫是你的？」我轉頭問了小男生。

他說：「我爸啊！」

我實在是驚呆了：「啊？你爸？！你爸爸是你舅舅的前任男友？那你媽呢？你媽媽知道嗎？那你現在跟你舅舅的關係又是什麼？」

他說：「全家只有我媽不知道我們三個男生什麼情況，我爸是我舅舅的前男友，而我現在跟我舅舅是情侶，是現任男友，我們現在正在交往，彼此深愛著對方。我爸也知道我們現在是在一起的。」

聽完好像也沒這麼複雜，就是三男一女的愛情故事。但這樣的關係你可以接受嗎？如果你是這小男生或是舅舅的好朋友，你會怎麼看待他們的愛情？

你的好友跟你說：「我跟我舅舅在一起了。」

你的同事跟你說：「我跟我外甥在一起了。」

你的同學跟你說：「我跟我姊夫在一起了。」

你聽完以後會怎麼反應？

這一家四口住在同一個屋簷下，舅舅從來都沒想過有一天會成為介入姊姊跟姊夫婚姻的小三；和姊夫分手之後，又隔了四五年，才和念大學的外甥在一起。舅舅保養的還不錯，看起來不像大他外甥二十歲，感覺像個大哥哥，約莫看起來大個五到八歲左右而已。

我問過許多人，多數人的反應都是不能接受。不僅不能接受，

他們的表情、語氣、口吻、神情就是：「蛤！好誇張哦！」

理解一下，我們都不認識這一家四口，聽到這樣的消息，大家的反應都這麼大、這麼激動了，如果這四個人的其中一個人是你的家人、好朋友、好同事，你的反應會比現在溫和？還是更激烈且不能接受呢？

「快樂」定義

定義一　快樂是一種充滿德性的精神理想

快樂是一種心境、一視同仁沒有分別心。它包含的基本元素是善、德行。德行是一種持之以恆的行動，不會因為各種阻礙，你就變得沒有德行。

有德性的人並非只有力量，他還有一個令一般人都很敬仰的，那就是卓越的精神理想。有德性的人，能夠看淡眼前的、世俗的利益，那是因為他能看清人生更高的目的和意義，然後在一種強大的意志力量的推進下，不斷地趨向這個精神理想，一步步地把它化為現實。

快樂不會有攻擊、對立、批判、你我之分、尖銳字眼等言語行為，有這些反應的，全都是不快樂的狀態。

在快樂裡，你和他人之間建立起一種，非常平等而又真實的相互關係。

定義二 | **快樂是一種最高級的幸福：包容、認同、給予**

　　孟子說，「獨樂樂，不如與眾樂樂。」人生有各種各樣的快樂，但最強烈的、最真實的快樂，就是和他人在一起所獲得的那種快樂。每個人在真實、充分展現自我的過程中，獲得了別人的讚美和肯定，這才是真的快樂。

　　真正的幸福，就是你最終實現為一個快樂的人——一個在身體和心靈上都得到全面的、充實的、真正的發展的人。一個人在追求幸福的過程中，每一個細節、每一個步驟、每一個選擇中都儘量做到完美和卓越，這是一個怎樣的狀態呢？

　　包容、認同、給予。當你做到了，就是快樂幸福的人了。一個實現德性的人，才是獲得了最真實最強烈的快樂。

　　關於快樂的觀點，你可以透過以下的思考與理解來拓寬你的認知邊界：

1. 痛快的享樂不是快樂

　　享樂，不是一種主動的狀態，它是被動的。意思是，在這件事情發生的時候，在我做出選擇的時候，它讓我感受到痛快，痛快到我不去思考這樣的選擇到底會成了怎樣的結果。更多時候，享樂在一開始確實讓我帶來痛快感，但結果往往不是那麼的快樂，例如：唱歌、吃大餐等等娛樂性的東西。

　　享樂帶了某種奴性，這樣的奴性很像「被弄得快樂」，但其實

它不是快樂，你以為那是你透過思考過後的選擇，不然怎會在一開始就感到快樂，那是痛快的享樂，不是快樂。如果真的是透過思考後的選擇，你不會越做越迷惘、越懷疑。當初的痛快，成了如今的痛苦，譬如：「我選擇今天不去學校要去唱歌」、「我今天不去上班要去看電影逛街」、「我要做自己，我決定想怎樣就怎樣，再也不受人控制」、「我堅決要去念那一間學校」、「我就是要去那一間公司上班」、「我就是要跟他在一起」、「我一想到做出這些決定之後，總是覺得特別的快樂」、「只要我喜歡有什麼不可以！」

你開心就好！

你自己的人生，你想要怎麼決定，沒有人可以介入。但是「請你去尊重你思考過後的選擇，而非事後再到處找人同情你的遭遇。」如果你選擇的當下是快樂的，但最後卻不是快樂收尾，那麼當時的快樂其實只是享樂，這一時的痛快走到最後就成了痛苦。

快樂基本上就是走向不後悔、不抗拒的結局，這才是一個人真正的成熟。

享樂帶有某些證明。

享樂的人只想證明，自己可以獨當一面，讓所有不看好的人仔細看著：他長大了，可以獨立作業了。這樣的出發點確實讓自己感到快樂，但結尾可想而知，自然是需要有人幫忙收拾爛攤子。不成熟的享樂，只會造成更大的代價，結局的痛苦已是在意料之內。

享樂帶有某些報復。

你當時痛快的做出這些選擇，可能是帶有某種報復性，譬如：「我要氣我爸」、「我要氣我媽」、「我要氣我老公」、「我要氣

我老婆」、「我要氣全世界的人」，不用多久的時間，你就能感受到那些痛苦的能量，不知怎地，全回到自己身上。你看看那些四處在抱怨的人，他們抱怨了全世界的人，卻沒意識到從最先一開始的選擇，就是當初自己在一個不夠成熟的享樂狀態下，所做出的錯誤決定。但這怎麼能承認呢？**不快樂的原因是做出錯誤決定的自己，而非口中那些阻礙他的人。**

2. 快樂是決定開始，
而不是忽然有一天你會到達的某一種境地

我們常常分辨不出生命中真正快樂的時刻，因為我們總期待一些不一樣的東西——更大、更耀眼、更戲劇性、更期待的東西。

我們被動的等待著快樂，仿佛老天爺會在一個特別的時刻裡，讓快樂降臨在我們的身上。

妳剛剛生下了第一個孩子，精疲力竭的躺在那裡，想到的是：「總算過去了，現在我該覺得快樂了。」

你終於盼到了等待已久的升遷機會，你要趕快回去告訴你太太。在開車回家的時候你想著：「總算可以不必再為工作擔心，可以真正快快樂樂的過日子了。」

你終於搬進了夢想中的新房子，你到各個房間去巡禮一番，心想著：「天哪，終於有了屬於自己的房子，今天晚上我一定會睡得很香、很快樂。」

是的，但最後你心裡僅出現了小小的三個字：「還不錯」、「還可以」、「就這樣？」這心裡的聲音，並非你所期待的大大地快

樂,怎麼會這樣?我應該要感到極度快樂才對啊!為什麼現在只感到小小的快樂呢?甚至你感覺到的是另外一回事——你其實是感到疲倦、鬆懈,或是覺得「我這一切到底是為了什麼?」、「為什麼什麼感覺都沒有?」

成年後的我們一心追逐著快樂,總苦思不得其果。以前我不明白,自己到底什麼地方出錯了?也不明白,為什麼我的所有成就和種種經驗,都不能讓我的內心深處得到滿足?

在一個微風徐徐的傍晚,我獨自在海邊一條寧靜的路上散步著,海邊的空氣清甜而溫暖,樹上的鳥兒正對著向晚的夕陽唱著柔美的小夜曲。我走著走著,突然閃過了一個對自己的想法:「我的人生從一開始,我就覺得有什麼地方不對勁。」

「到底是什麼在煩著我?我為什麼感到如此煩燥呢?」我納悶著,「我的人生正朝我想要的目標邁進啊!我獲獎無數、得到許多殊榮、出書、接受採訪、在世界各地授課演講、可以每天睡到自然醒、在世界各地吃盡美食,所有我喜歡做的事情我都做了,我應該徹頭徹尾的感到快樂才對啊!」

然後,我在晚霞滿天的沙灘上開竅了。

我一直在等待著快樂,等著快樂有一天可以降臨在我的身上,我在等待老天爺親自下凡來宣示:「恭喜你,你現在正式獲得快樂了,在它消逝之前,好好把握享受吧,你可以開始微笑了。」

當我去度假,我會很快樂;當我放鬆下來,我會很快樂;當我在飯店裡的泳池旁享受著日光浴,我會很快樂;當我去了我想去的地方、遇上了我想遇見的人,我會很快樂。原來,這些快樂的意思

是如果我度假不成，或者在去的路上碰到連綿的豪雨、我吃到不好的東西、我想做的事情沒能及時完成，我一定會很不快樂，因為這些與我的預想完全不能吻合。

我等待著快樂由外而來，而不是發自內心的快樂起來，我竟然還異想天開的站在夏日的黃昏裡，等待快樂降臨在我眼前。**快樂來自一連串主動決定、不抗拒的選擇，而非反應與等待。**

一個簡單的認知卡關，就能讓人走火入魔，終身受控。在那一刻，我懂了！如果我不去拓寬我的認知邊界、不去讓自己的認知升級，那麼我永遠都沒有辦法真正的快樂，恐怕只能永遠的等下去，一輩子都弄不清到底是什麼在煩我。

3. 快樂是自我實現並不斷地讓自己發展完善

快樂不單單是過程，它不是一個「這三年來的過程我很快樂」這樣的概念，而是「實現」。

實現什麼？最典型的就是生命，如果生命要實現，我們就要去理解一下關於生命。生命的目的並不在它本身之外，而是蘊藏在它本身之中。

生命的目的就是把自己展開來，不斷延續、不斷發展、不斷完善、不斷的越來越好。它不是為了要讓你當班長、總經理、賺大錢、買好車、住豪宅……這些都是外在的。生命的本身是，當它來到人世間，它唯一的目的就是讓自己當初做出的選擇——生而為人——的那份快樂的初心，不斷延續下去。它的本身就是快樂，隨時隨地都在快樂著，只是我們忘了這是我們的選擇、我們的初心，快

樂就是我們自己本身。

生而為人後，我們開始賺取了人生第一桶金，接著再賺第二桶金。升官加薪真的讓我們整個大開心，也很令人亢奮，但那亢奮的感覺是屬於外在世界的，快樂不在那裡。

生而為人後，我們忘了，快樂的初心是要不斷地去發展自己、去完善自己，讓自己的生命不斷地延續，快樂本身就是一個內在的心理運動。在這內在運動的過程中，你會感覺到開心。不是因為外在世界的你又擁有了什麼，而是你看到了正在實踐自我的過程，你看到了自己的潛能得以發揮、你看到了自己的價值、你找到了自己的位置、你對自己產生了好奇、你不再因為他人介入你的生命對你進行控制而大受影響，你的舉手投足，都讓你感受到生命正在不斷延伸、完善，成為更好的自己。這就是快樂。

那位在國稅局上班的大姊，工作穩定，再七年就退休了，為什麼要這麼衝動離職呢？因為她不快樂，她感受到的生命是停滯的。

她另外附上一張照片，她的兩隻腳踮著站在一位西班牙男人的雙腳上，他們一起跳著舞：「你看，西班牙人多麼浪漫。」我看到了她的快樂樣貌，不單單只是臉上掛著愉快的笑容，而是她找到她最想做的事情，她正在一個自我實現、讓生命無限延伸、發展、完善的道路上，我從信件中都可以感染到她的快樂。

快樂不是趨向於目的的過程，而是一種自我實現的運動。

4. 實踐智慧，適當得體，不用力

快樂，是一種智慧。它涵蓋了包容、認同、給予，透過身體力

行來實踐這樣的智慧，隨時覺察自己是不是在這狀態內。而不是看到一個新聞、聽到一個故事、翻到一段文章，只要和你認知是衝突的，我們第一時間就是控制，譬如「不行哦」、「這個不對」、「你這樣太糟糕了……」，有沒有發現，我們身旁全都是可怕的第三者，生活無處不控制：「我覺得你的髮型很糟糕」、「我真的沒有看過像妳婆婆這麼誇張的」、「你老婆是我看過最扯的」、「你的小孩怎麼會這麼不聽話」、「你主管真的很沒責任感……」如果你懂得快樂的定義，你會知道該如何實踐它，而非在生活中召喚了痛苦。

快樂是一個內在的完善，與一個人的理想抱負沒有絕對的關係。快樂的人總是心平氣和、平心靜氣地接受自己的選擇，但我們總喜歡對著他人的現況做出評論：「唉唷，你怎麼做這個做了三年了，還沒升官加薪，這個公司能待嗎？你要不要換一家公司啊？」你如果無法落實快樂的智慧，那麼，縱使你多麼的有理想抱負、事業多麼成功，一個不懂得包容認同給予的人，他不會是一個快樂的人。

實踐快樂的智慧，必須要得體適當，在適當的時間、適當的場合、對適當的人、出於適當的原因、以適當的方式釋放這些情緒，讓人全程舒服。不管什麼時間，在面對某一個人，你都要保持得體適當、不用力的距離，而不是一下就闖進別人的生活裡面去。你闖進去要幹嘛？你本來就沒有打算要為他的人生負責，這麼魯莽的闖進去，這行為就已經沒有在實踐快樂的智慧了。

有個挺知名的網紅，他寫信告訴我說，他生活得好痛苦，問我怎麼辦？

175

我笑著跟他說：「你說真的嗎？我看你很享受這樣被追捧的生活啊！」

「哪有啊，酸民這麼多，我真的覺得很煩，甚至覺得人生沒有意義！」

「我看過你的影片，全都是指責、謾罵、攻擊、指名道姓、高分貝、聲嘶力竭地、理智線無時無刻都是斷裂的。你說人生沒意義、你說你感到不快樂，可這不都是你的選擇嗎？如果你真覺得這樣讓你痛苦，你早就停止了。但你沒有，你只是跑來找我說你不快樂，可事實是你更加變本加厲、越來越用力了，所以痛苦還沒到最高點，若你真感到痛苦，你自己就會停止這些痛苦的行為。你的不快樂不是來自於外在世界的這些酸民，而是你對你自己的選擇，出現了一連串的抗拒。試著把快樂的智慧落實在你的生活中吧！包容、感恩、給予，絕對會讓你的生活變得很不一樣。」

Topic 12

重生

Topic 12

重生

　　孔子說，「未知生，焉知死。」生命的動力到底來自哪裡？如果是來自它的對立面，那麼會是死亡帶來的挑戰和壓力嗎？還是說，生命內在就有一種動力和壓力，可以驅迫生命面對自身不斷去創造、不斷去選擇？

　　生命的意義，或許並不僅僅來自生生不息的創造，而是來自一種同樣強烈的責任感、使命感和緊迫感。

　　生命是一場無盡的苦行，但它更可以是一場盛大的煙火；生命，是拖著沉重的身軀和同樣沉重的靈魂在堅定前行，但我覺得，它也可以充滿詩意曼妙的輕舞飛揚。

案例　**死亡帶給我重生**

　　2013 年，我有一個學生因為愛滋病而面臨死亡。他的母親跟我聯繫上，說他兒子想和我碰面，我在出國前去醫院和他見了一面。

　　他瘦到我幾乎認不出來了，我們的對話很平靜也很歡樂，離開病房的時候，穿越醫院的長廊，我才意識到腳步沉重，胸口開始感到不捨與難受，眼前只有光和無邊的寂靜。

　　曾經的他，不可一世且狂妄。我為此嚴厲斥責他，禁止他再出現在我的課室中，省的讓我看了煩心，而如今他竟然對我說：「老師，我很尊敬您的，很開心在這生命的最後一程還可以聽您對我的教誨，讓老師跑一趟，來這跟我一對一上課，我感到很滿足。」

　　他懺悔著過去對我的不禮貌與無所謂，我卻覺得他用他生命的餘氣，帶領我看懂生命。

「這場病不是我要的。我很怕，真的很害怕。可是後來我才發現這場病是我收過最貴重的禮物。這兩個多月的每一刻對我而言都如此的珍貴。我生命中的每一個人，他們都放下過去的嫌隙，跑來看我。我才真正明白老師您一直在說的關於生命的議題，我看到自己沒有愛心、看到自己到處侵略、看到自己說謊成性、看到自己的膽怯。此刻，當我放下這些，我感覺人生變得有意義了。」

他真的改變了，也已經準備好接受死亡。原本恐怖駭人的一場病卻成了禮物，他欣然接受老天爺的餽贈。反倒是我不能接受。

生命的殞落，似乎是我們都得面對的一項考驗。我們都以為重點是要通過考驗、克服問題。然而，當我看著這位說話語調柔軟的學生，卻有了另一種體悟：**當事情發生時，問題是否得到解決又如何？重要的是，我們要如何寬容地允許這一切自然地發生。**

他的母親送我出病房，陪我走了一段路，她告訴我：「我不知道會發生什麼事情，但我相信這件事情的發生終究會帶給我們重生。不只我兒子，包含我。」這讓我再一次的不可承受。

在我眼前的是位心懷感恩、全然接受但又極度悲傷的母親，她容許這樣的悲傷，也接受這樣的痛苦。我看到喜悅出現在他們的心中，這喜悅感染了我，在我全然接受這樣的發生時，竟在醫院的長廊下淚流不止，我無法形容那樣的感受，明明悲從中來，但卻又感到一股幸福的能量，我希望他們幸福，而我也感到滿滿的幸福。

如果有一天，我們的內心世界因為某件事情的發生而崩解了，我們站在一個不明狀況的邊緣，隨時都會往下墜落，此刻要相信生命的意義在此刻重生了，我們將勇敢面對不再害怕。

「重生」定義

定義一　懷抱希望，展開行動並追求卓越

「希望是人的一部分」，意思是說希望是人之為人的本質屬性。

人活著，自然就會去追求希望、實現希望，圍繞著希望而展開的生命才是真正的人的生命。

希望，必然包含著失敗。因為它要一次次的重新發動和開始，所以希望從本質上來說，也是一種絕望的處境。

人的行動就是一種從有限向無限進行突破，突破有限的束縛和邊界，向著更高、更遠、更多的可能性敞開。你以為你已經不行了、極限了，但最後你還是透過行動突破了你的極限。

定義二　挖掘自我，重生來自每一個選擇

偉大的藝術家米開朗基羅宣稱，他的雕像原本就存在石塊裡，只要剔除其他的部分，就能顯現出內在的雕塑。

我們向內心世界挖掘的過程也是如此：在層層包覆著我們的規範底下，存在著一個不變的真我，等著我們去發現。

我們把發現自我的過程視為一種個人挖掘；往下挖，深入表面，扒開外覆的東西，顯露出永恆的自我，而我們用來發掘內在的工具正是「選擇」。

我們的選擇隨時都和他人的選擇緊密相連，**大家是透過我們過去與目前的選擇來理解定義我們，而非內在想像的「完美」自我。**

選擇，除了探索我是誰，更是再一次的活出生命。

關於重生的觀點，你可以透過以下的思考與理解來拓寬你的認知邊界：

1. 成見只是價值觀的對立，提醒著我們的不足與未知

你有成見嗎？

成見就是，我的價值觀跟你的價值觀之間的差距。

「女生不能穿無袖的。」這是我的價值觀，價值觀是體現出一個人認知的最底限，不可踰越觸碰。可是偏偏出現在我眼前的這個女生，她不只穿無袖，還穿熱褲，更在我面前露肚臍露屁股，成何體統！但對這位女生來說，一切都是這麼的自然，她習以為常天天都在做的事情，他人的反應也太大。

我們中間的差距就是成見。我開始對這個女生產生成見，我不知道從什麼時候開始，變得不再喜歡這個女生。我覺得她太隨便了、不尊重人、沒教養，一定也對感情不忠，人際關係混亂……

而她肯定也不會喜歡我的：老古板、自我中心、控制狂、自以為是……都什麼年代了，根本是思想窄化到令人無法想像，關係一定處理的很糟糕，沒有人會想接近他……

成見出現的時候，正是產生衝突的當下，一定要提醒自己，**成見來了，就是自我覺察的好時機。**

你覺得你認知的事情是對的，你堅持這樣的想法，照這樣的概念、將這思考邏輯放在對方身上，對方所有的堅持到底錯在哪裡？覺得你才莫名其妙，不是嗎？

　　我們都想被人肯定認同，所以當你在闡述你的看法的時候，有人持相反意見，對方只是不認同你的觀點，並不是不認同你這個人。多數人的反應往往會非常激烈，堅持己見的我們，只能反咬對方，認定對方的觀點論述才是錯的。

　　我是對的，你是錯的；我的是真理，你們的全都是歪理。

　　我們莫名的討厭一個人，原因來自於成見，因為認知不同；我是對的，你肯定是錯的。

　　我們也會莫名的喜歡一個人，為什麼喜歡？因為對方說的、做的、想的每一件事情，完全符合你的期待，這就是你喜歡他的原因，你獲得了全面性的控制。那要怎麼樣可以把成見降到最低，讓關係更融洽呢？

　　拓寬你的認知邊界，如果你是對的，對方就是對的。

　　對方身上一定有我們不懂的東西，那是一個全然不同於自己的世界。對方的出現，不是為了和我們產生衝突，而是提醒著我們腦袋裡可能還有對我們有害、錯誤、不足的認知，所以我們才會感到痛苦。

　　為什麼你討厭這個人？因為他腦袋裡有你所不理解的東西，去跟你討厭的人學習，或者去學習你還不了解的新觀念、新事物，這都會讓你更寬廣的面對這個世界。你會跟過去不一樣，獲得重生。

2. 超越意識，要從他所不是的對象、他人、別處那裡去獲得存在的支撐

　　重生不是來自於自我認定、主觀的做出某種不同於以往的變化。

它真正的意義是來自於意識之外，在他人的感受與反饋後，你的意識層面才能真正感覺自己不一樣了。**唯有被意識之外、不是自身的存在支撐著，才有辦法超越意識。**

意識之外是什麼呢？就是各種各樣的對象。說到底，還是又回到關係，如何超越意識？就是讓你大腦裡的意識活動和對象之間的互動，可以超越過去的關係，當關係變得更好，這就超越了原本的意識體驗了。

你如果說「我在意識」，沒有人知道你到底意識到了什麼。這句話是不完整的，它只是單純的意識，沒有和對象關係建立起密不可分的連結。意識本身沒有辦法靠自己存在的，它一定要從「外部」，也就是透過它「所不是」的物件身上才能獲得自己存在的依據。這個不是它自身身上的東西，恰恰構成支撐了意識本身的真實存在。

一個人的思想改變，沒辦法帶來生命的重生。生命的起點肯定是思想，但最終的歸宿脫離不了與人發生關係：密不可分的連結。

很多學生來課程學習、找答案，透露出想要讓自己變得更好的眼神，我總是苦口婆心、耳提面命的告訴學生們：真心想要讓生命由內而外的發生轉變，不能在家裡搞、在課堂裡聽、用手機滑。我看著一個一個的學生又是拍照、又是錄音、又是抄筆記的，這意義不大的，何不清清楚楚地面對你所處的世界、你身邊的每一個人呢？走上街頭、走進咖啡館、去行動、去擁抱、去戰鬥、去直面人群、去與人對話，**讓你自身以外的他者支撐你的想法，這就是最靠近重生的入口。**

　　知識淵博、能言善道者，為何沒有辦法讓自己過好一生？誰不想要更好？這些人引經據典、鉅細靡遺，方方面面都高於其他人，但這不會讓他們的生命發生改變。因為他們之外的他者，並沒有支撐他們的思言行。在他們身上，根本談不上重生，還有好長的一段路要走。若真要說，他們是被控制的一群不自由者，曲高和寡，他們永遠都在高談人生，可是卻不懂，已經多久的時間沒有從他者身上得到支撐的想法，人生自然會在某一個階段停滯，沒有辦法再往上突破了。

3. 你是你的未來，你是自由的，做出選擇吧！

　　「只要是我能力所及的，我一定會盡全力去做；盡人事，聽天命吧，一切就交給上天安排吧。」很多人來找我對話時，常常會說類似這樣的一段話，為他目前所遭遇的情況給出這樣的定調。

　　多麼的知天命、負責任、大氣又灑脫？以前我會這麼理解，但現在聽來，似乎多了一些弦外之音，他想表達的應該是，此刻有一陣輕輕柔柔的風，舒服的吹過，但他自己的力量、視野、影響實在非常有限，他已經不知道如何讓自己的生命再往前推進了！

　　世界，或許是一片荊棘叢生之地，我們負重開啟，走一步算一步，以為自己是腳踏實地，其實是鼠目寸光。生命要自由，你眼下的這一步就已經自由了，自由的人不會在眼前找不到前進的動力，更不會雙手一攤，能做都做了，無奈又被動的等待宣判的結果。

　　你的能力所及不在於行為的提升與否，而是能否輕鬆地做出選擇，並讓自己感到身心都是自由舒暢的，而非針對形勢考慮再三，

被動地渴望生命能夠再一次的獲得自由。

「忠孝不能兩全。」眼前這位年輕人面臨的是這樣一個兩難：到底是保家衛國，抗擊納粹；還是盡兒子的義務，守護在母親身邊？很多同學看到這個例子會覺得困惑，這有什麼難選擇的呢？從道德的角度來看，盡孝的對象是一個人、是家人，而盡忠的對象則是所有人、是整個國家。那麼，「國」當然高於也大於「家」。

這不僅是一個數量大小的問題，更是程度和境界的問題。

道德的使命，犧牲小我、成就大我，本因如此；但肯定也會有人覺得，只從利益或一種極為抽象的原則價值來計算，實在是太不近人情了。

意志，會在這中間找到平衡點。你一直都是自由的，現在的你可以為未來的你做出選擇，你可以主動創造。**當你面對兩難、無所適從的時候，那是因為你沒有發現，此時就是你創造未來時候的最佳時機了，而非在這兩難間舉棋不定。**

每一個選擇的背後，都是一套有著自圓其說的原理和論證的體系，怎麼說都對。無論你決定了哪一套體系的說法，全都是讓人猶豫不決糾結的選擇。就好比忠孝難兩全，到底是遵循原則還是聽任情感，於公還是於私，還真是困難！難道我們就不做出選擇嗎？

有一個事實擺在眼前：你真真實實的活著。你在一個世界之中活著，你跟身邊所有的人一樣，都是一個人獨自活在這個世界上。你生活中的每一個選擇，不論你最後的選擇是依循了哪一套體系的說法，既然選擇了，那就是屬於你最佳、絕對、最適合你的起點，因為沒人能替你活，也沒人能不讓你活，更沒人能逼你不准活。

　　每個人都是一個獨立的個體活在這個世界上，你的每一個選擇都不會影響你是死是活，你有絕對的自由做出任何選擇，無關道德、他人、小我、大我。這個選擇只關乎你自己本身，然後你艱難地邁出第一步、下一步，以及接下來的每一步。這就是重生的真諦。

　　你就是你的未來。自由的你，做出選擇吧！而後行動，獲得重生。

4. 生活本身沒有意義，所以才要以「這個人」來創造意義

　　電影《哪吒之魔童降世》裡的經典台詞讓人看得熱血沸騰，這對白是出自於東晉著名醫學家葛洪，在《抱朴子‧內篇》卷十六中所言：「我命在我不在天。」這句話隱含了一個意思：面對命運，一方面除了是作為一個「必死」人類的鐵的法則之外，另一方面更激發出的是，既然為「人」，就要能展現其意志與行動，這才是生命的真正意義。

　　諾貝爾文學獎得主，同時也是當代哲學家卡繆說：「世界對人的需求保持不合理的沉默，荒謬產生於人與世界之間的對抗。」

　　「薛西弗斯神話」這個故事大家應該都聽過了，希臘神話中，薛西弗斯被懲罰將一塊巨石推上山，而石頭推到山頂後會再翻滾回原處。他註定要永遠重複地推石頭上山的行為，每天把會滾下山的石頭再次推上山，然後再看著石頭滾下來，這個就是薛西弗斯不可改變的「宿命」。薛西弗斯深知，推石頭上山這樣的行為是多麼無意義，但他仍堅持著，以此做為對諸神和命運的反抗。

　　所以在這個每天推石頭上山的重複生活之中，到底又有什麼意

義呢？

　　卡繆說：「這個重複是荒謬的，因為它本身作為一種機械的運動，沒有任何意義。」

　　而我們人呢？起床，公車，捷運，四小時辦公室或工廠的工作，吃飯，再四小時的工作，公車、捷運、吃飯，睡覺；星期一，星期二，星期三，星期四，星期五，星期六，星期天……大部分的日子一天接一天按照同樣的節奏，周而復始地流逝。直到某一天，「為什麼」的問題浮現在某些人的意識中，一切就都從這略帶驚奇的厭倦中「開始」了。每個人都是薛西弗斯，差別在於你是否開始意識到重複與荒謬。

　　這樣一個機械式運動的生活方式，本身沒有意義，所以才要你「這個人」以個體的方式去創造意義，在你厭倦生命一直處在機械麻木的荒謬生活之後，「開始」，便開啟了意識的運動，生命得以重生。

Topic 13

愛

愛

恨，是令世界四分五裂的力量，是讓人和人之間陷入衝突爭鬥的力量；愛，正好相反。它是世界的黏合劑，超越了各種邊界和障礙，把不同種族、不同信仰、不同性格的人緊密地連結在一起。要愛不要戰爭，要彼此擁抱而不要相互殘殺，這是人類永恆的信念。無論到什麼時候，無論人類演化到哪一個階段，愛始終是一個終極的理想，一個永恆的追求。

在愛的 DNA 裡，沒有控制。我可以對一切失去信念，對神聖的老天爺失去信念，我連人生的方向都辨認不清了，但真正支撐我走下去的，還有永存的力量，那就是愛。

案例　老公，今晚不過來了嗎？

老公：

寫下這兩個字時，我的手和心同時抖了一下。因為我知道，還有一個女人也這樣稱呼你。而且，這也許是我最後一次這樣喊你了。

那天無意間看到你手機，螢幕上「老公」兩個字格外扎眼，瞬間把我弄傻了，不知該如何回應。

我穩了半天神，才看清那行字：「老公，今晚不過來了？」

短短八個字，我第一次知道了什麼叫字字穿心，我只能一直流淚。

攤牌之後，你說你對我已毫無感覺，只有在她那裡，你才覺得自己像個男人！朝氣蓬勃、活力四射的男人！

你感激她又讓你活了一次。你不知道那三天我是怎麼過的吧？數夜沒睡，粒米未進……

你說想跟她相愛到死，可是十年前你緊緊抱著我，說這輩子只想娶我。

你說她笑起來可愛極了，但過去你總說，我笑起來天下第一好看。

你說和她在一起心裡都開著花，和我在一起總情不自禁想著她。

你的每一句話都讓我難過……

我這樣的女人，不怕窮，不怕累，不怕付出，不怕變老變醜。

怕的是越累越得不到體貼，越付出越被享用的人忽略。當老了、醜了，忽然發現一切特別不值得……

面前這個最熟悉的人，突然間變得妳不認識了，他在想什麼？哪句話是真？哪句是假？妳不知道。

他一句「我對妳沒感覺了」，否定了妳所有的付出。多年的感情，抵不過他們一天的激情。

出軌，已經占據離婚原因一半以上，每一段情感背叛，都藏著撕心裂肺的疼痛。而這樣的疼痛，在我的對話中，實在見過太多太多，我常常跟著當事人揪心難受。

女孩，除了離婚和隱忍，有沒有可能妳還有第三種選擇？

讓自己更好！

出軌，是最大的婚姻危機，但同時，它也是雙方感情、個人心靈成長的重要契機。我們通常認為，被出軌的那一方是被動的、弱小的。但其實這個時候，我們才是掌握著能否逆轉危機的關鍵。

我們如何抉擇，決定了整個家庭今後怎樣度過。畢竟隱忍或者離婚，都不是我們抉擇的最終目的，幸福才是！在經歷危機後，仍

保有愛的能力才是！

　　當然，我們也必須承認，破解婚姻困境，並不容易。

　　當局者迷，被強烈的情緒支配，甚至還會喚起很多過往創傷和情結，憑藉個人之力，根本無法做出正確判斷、完成情感的修復。

　　這些年來，我協助了成千上萬的人們走出情感困境，無數案例證明，出軌危機，是能夠被轉化為雙方對感情的認知與個人成長契機的。

　　請你相信我，出軌可能是一段關係的結束，但它絕對不會是你快樂和力量的終結，也不是你再也無法去愛的魔咒。

　　乖，開心女孩，加油！

「愛」定義

定義一　　愛是豐盛，從不匱乏

　　直到你看到了自己與整個世界的本源是一體的、跟一切萬物是一體的，你開始慢慢體會到愛是什麼，這令你豐盛。

　　不論你是否覺得諸事不順、一籌莫展，你真想活出生命，那麼，請你相信愛的力量並做出一致的選擇。在選擇後，所有的發生只會讓你豐盛，除了豐盛，不可能是別的。

　　不要操縱人、事、物，那是競爭的想法，愛的本質是豐盛。競爭的想法只會讓你從抵制的匱乏立場來思考，於是你得到匱乏。

　　供應是無限量的。如果你沒有獲得你想要的，就要知道問題出

在你的認知，而不是這個宇宙。不要有匱乏或短少的言論或想法，就是這個認知，造成了匱乏和短少。

你有多少愛，就能有多豐盛。

定義二　愛，不只是一種情緒反應，更是一種振動反應

人之所以感動，不只是因為情緒反應，更是內心的振動反應。他們實際轉化你的能量狀態，更多人事物會在能量上影響你。因此，當你開始用不同的方式振動，這種不同的管道振動會更加擴展、更有意識、更有力量。

當某個人事物讓你感動，其實傳遞出來的是一種關於真善美、和諧、不可思議、見證奇蹟的振動頻率，把你從一種受限的狀態中移出來，以便讓驚嘆和感激能夠浮現出來。

愛，讓我們從討拍的獵捕者，轉變成手心向下的付出者；愛，是世上最高級的服務。

關於愛的觀點，你可以透過以下的思考與理解來拓寬你的認知邊界：

1. 讓自己隨時活在愛裡

在《復仇者聯盟》的完結篇裡，因為一隻老鼠誤觸了按鈕，這些伴隨我們十多年的所有角色，才能有機會大集合，從宇宙的每一個角落來到地球，從過去來到現在。透過完結篇，才慢慢記起來，原來有這麼多角色、這麼多故事、這麼多經歷，全都存在著。我們

看得多感動，心中全是滿滿的愛。

　　十多年前，我曾有過一段為期百日的愛情故事。很短，卻很浪漫，這百日的情愛，讓我受益成長至今。

　　這算是愛情故事嗎？畢竟我和她始終沒有在一起。

　　她能夠欣賞我的每一部分。這感覺和過去不一樣，我想和她分享我的生活點滴。我的內心波濤洶湧，這情緒不斷地在沖刷自己。我們倆每天工作回家都已經精疲力盡了，卻還是能再多聊個兩三個小時，睡前睡醒都是對方的溫暖問候。她非常出色、迷人，工作上的表現更是受到大家的愛戴，還致力於追求靈性的成長，正是我夢寐追求的對象。幾個月下來，她喚醒了我對生命的憧憬，我迫切渴望與她建立自覺、深情的關係。

　　我們在第一天見面之後，很快的進入依戀及密集的聯繫。相互思念，但因相隔兩地，我們兩人誰都沒料到，感情雖然快速增溫，在我迫不及待排除萬難想與她碰上一面時，我所期待開花結果的愛情故事，卻結束了。

　　從第一天碰面之後，我們天天手機聯繫、噓寒問暖、分享彼此的生活點滴、互訴情衷、一表相思，兩個人都捨不得入睡，但誰也沒想到一百天後，她消失了。我倉皇失措的尋找她，不知道發生了什麼事情？我從滿心期待的心境，跌至落寞無助的吶喊。我想她、想見她，我可以馬上放下所有一切去尋找她，但我找不到她。

　　過去這一百天，睡前睡醒都是對方的叮嚀問候，我是全世界最幸福的人，我深刻感受到她所帶給我的甜蜜喜悅，我感覺我的人生，會因為這樣一位女孩的出現而讓我變得更不一樣。我相信她也

一定感受得到來自於我的相同的愛。

當愛情來敲門，誰擋得住？怎麼理智？很多人在失戀的時候，總喜歡把一首悲傷的情歌單曲循環播放，一把鼻涕一把眼淚的，多揪心啊；一個人在安靜想事情的時候，也能把對方給想進來。

思念真的是一種很玄的東西。它無所不在、無時無刻的，讓人睜眼想、閉眼想、低頭想、抬頭也想、吃飯想，連睡覺也想。我們失落地那麼擲地有聲，嘴上卻口是心非說著沒事，其實我們把對方看得比誰都珍貴。緣聚緣散之間，才知道永遠太過遙遠，相知相守如此珍貴。

我們不停地製造浪漫，只希望對方露出微笑；我們翻山越嶺地去關心對方，不見得能夠獲得對方的回應，卻依然甘心沉浸其中。

這就是愛情——我們付出所有，卻也痛徹心扉。

接下來的日子，我失魂落魄，好像失去了動力，滿腦子都在想：過去這一百天到底怎麼回事？她確實給了我濃烈深刻的親密互動，不是嗎？

突然有一天，我不知道為什麼我腦袋會閃過這麼一句話：「你仔細想想，她有介入過這一段感情嗎？」

我不知道為什麼我腦袋會閃過這麼一句話，於是很認真的去思考，這一句話背後的意義。是啊！那我們兩人之間到底是什麼關係？什麼關係也沒有！可是，如果她沒有給出這一段愛情，那過去這幾個月的感受，為何如此真實呢？若不是她給的，那我所感覺到的愛，是從哪裡來的？

腦袋裡，又出現了這麼一個聲音：「你感受到的愛，全來自於

你的內心。」

　　所以，我感受到的愛是誰的？是我自己的！

　　我感受到的喜悅是誰的？是我自己的！

　　我感受的狂喜是誰的？依然是我自己的。

　　原來，我感受到的愛完全不是來自於她。從見面的第一天開始，她就沒有以我認定的方式存在過。愛我的不是她，因為她並沒有用我以為的那種方式愛過我。這都是出於我自己的愛，我才是愛的源頭，卻一直以為是她給我的。

　　這幾個月以來，我把我的愛加諸於她身上，我以為付出愛的是她。然而她卻不是愛的源頭。事實上，她幾乎沒有參與整件事的過程，都是我自己在自導自演！我是所有愛的源頭，一直都是我！

　　我腦袋中再度意識到某一個重要、關於愛的啟發：對她的這份愛，源頭若是自己，那麼我感受到的每一份愛後面，源頭也是自己。因為她，我才知道原來我的心中有滿滿的愛。既然她從一開始就不是這份愛的源頭，所以當她走出我生命的同時，我到底失去了什麼？我不僅沒有失去任何東西，因為她，我還發現了自己內心那一池永不匱乏、滿滿的愛不是嗎？我以為她把我的愛帶走了，事實上是她啟動了我心中的愛，那是滿滿的愛。她沒帶走，是我一開始就擁有的，她的出現，只是帶領我去找到那份愛。

　　所有的愛都是從我們的內心發射出去的。我們隨時向外發射出內心的愛，無論身邊發生什麼事情，我們始終被自己的愛所包圍，我們一直都是活在愛裡的狀態。一個內心充滿愛的人，隨時都是活在愛裡，所以他會知道怎麼愛自己，才知道怎麼去愛伴侶。

　　在愛情的世界裡，只要對方條件符合我們所期待的，就會讓我們幸福、喜悅和開心。我們把這一切的感受放到對方身上，認為愛是從他身上散發出來的，於是才會覺得：我戀愛了，我愛上了某個人。但對方如果沒有做出你預期的事情，或者手機訊息一段時間沒有回應你，你就感覺不到他的愛，就把愛給關起來。這些愛，都是有條件且令人窒息的愛。

　　我們的心要更加開放。心一旦受到啟發，會一直創造源源不絕的愛，我們隨時都能感受到自己的愛。當這份愛與他人發出共鳴，連結彼此的心，這就是活在愛裡。這狀態讓我們懂得如何愛自己，活在屬於自己充實滿溢的愛裡。

　　讓自己活在愛裡，就是這樣的感覺。過去，我總以為要先有這樣的對象才能活在愛裡，但卻並非如此。我突然明白了很多過去不明白的事情，包含我的家人、學生時代的好友們、工作職場上的同事們、主管們。關於愛，我好像誤解了什麼，對於他們，心中出現一種虧欠、自私、不成熟的能量。我感到自責，更感恩他們過去這麼多年來對我的包容，他們才是真正有愛的人。

　　謝謝她教會我，領悟到讓自己隨時活在愛裡。好溫暖，好安全，好自在。那樣的狀態就是愛自己，如此才有辦法真正去愛別人，就算是一個人，依然可以活在愛裡。

　　隨時都發生愛的事件：讓對方知道我此刻的歡欣鼓舞，是因為他的獨特，活在愛裡；我們彼此開心地微笑交流，活在愛裡；我對著泊車的人員對談，感謝他的幫忙，活在愛裡；在會議室面對從沒見過面的人，我的愛從心中流出，我的心房是開闊的，活在愛裡。

我到底愛上了誰？每個人都愛，因為我活在愛裡，我身上充滿著愛，這就是愛。

離開愛的行動是沒有愛的，你心中有愛，才能讓他人也開始愛自己。

別人也許會到你的海洋裡泅泳，但記住，海水是你的。

謝謝世界各地的你們，謝謝你們啟動了我的愛，往事歷歷在目，讓我感受到生命一次又一次的向上蛻變。因為你們，喚醒了過去許許多多我不曾記得的美好，我經歷了無數次的愛與被愛！

2. 愛是一道光，如此美妙

愛是一種由內在而實現超越的一種狀態，將不同形式的愛融合在一起，讓我們在各個時代安全無恙的走出分崩離析的困境，消融人和人之間冷冰冰的距離。

關於外在世界的自己，我們多半都較為熟識，身高、體重、外型、收入、職業、家庭、成就、興趣……我們用外在的自己尋找和自己匹配的對象，匹配的定義就是外在世界的比較。但，內在的自己呢？如何匹配？我們對於內在的自己是極度缺乏認識的，看不懂內在的自己，又如何看懂內在的對方呢？你究竟愛對方的什麼？

我們每天默念的上帝、老天爺、菩薩、眾神明，期望透過與祂的連結帶領我們通往最高的真理。我們在宇宙間尋找祂的存在與下落，冀望祂能再多給我們一些提示。很可惜的是，我們問了天、問了地、問了空氣、問了海洋、再問日月星辰，大家回答都一樣：「很抱歉，我不是你所追求的那個祂。」

「祢到底在哪裡？我需要祢的幫助。」

在外在世界中，無論是怎樣宏大完美的秩序，「我」都找不自己的位置了，如何找到祂在哪裡？我迷失、困惑了，我根本不認識自己，我該怎麼認識自己？

既然外在世界不行，唯一的選擇就是退回到內心，從內心去探索祂和自我。

老天爺啊，祢既然洞燭人心的底蘊，我又何必多說呢？祢一定都懂，請祢眷顧我吧！

懺悔就是一種敞開，不是向老天爺敞開，而是向自己敞開。老天爺不是要你去向祂懺悔，祂不需要你這麼做。再者，你是不是真心的，又何必透過這些儀式？祂都清清楚楚。祂只是要你透過懺悔、去面對真正的自己，向自己敞開，才能走向巨大的內心世界。你開始向內心探索，去沉潛，去挖掘，真理就在那裡，光明就在那裡。

懺悔，既是無聲，卻又震耳欲聾。我口舌緘默，內心卻是呼喊躁動的。為什麼「無聲」？因為懺悔要傾聽的是「內在的聲音」，而不是身體所發出的「有形」的聲音。懺悔，是讓自己臣服，不足才能再獲得，那既是來自探索真理的誠摯熱情，同時也來自一次次叩問內心的虔誠，面對真實的自己。

一個長期專注在內在超越的人，他將沐浴在老天爺普照的光芒之中，愛是一道光，就像是萬丈光芒從天頂之處傾瀉而下。在這光芒的籠罩之下，你才能看清內心的黑暗與汙濁、在這光芒的引領之下，你才能一步步走進內心、在這個光芒的化育之下，你才慢慢展現成為一個成熟的現在的你。

「祢傾注在我們身內，但並不下墜，反而支撐著我們；祢並不渙散，反而收斂我們。」無論我們的內心世界如何躁動不安，無論我們的生活怎樣風雲詭譎，只要我們收心自問，敞開臣服，心中有愛，滿滿的豐盛，你會與老天爺相遇。祂會眷顧你、彰顯給你看，你將見證奇蹟，愛是一道光，如此美妙。

3. 愛無所不在，但又極度匱乏

過去，哪來這麼多愛？現在，愛，隨處可得、無處不在。放眼晃去，跟愛有關的語言、符號、手勢，隨手可得，拍照的時候，人人都可以比出各式各樣的愛心。

我在淘寶買個東西，賣家對我說：「親！」；我去餐廳用個餐，結完帳要離開的時候，店員脫口而出：「愛你喔！」看來，讓世界充滿愛確實已經提早實現了。我們已經全面進入了一個充滿著愛的世界了。

但這些是商品化的愛，是程式化的愛，是符號化的愛。甚至可以說，是百般無聊的 app 應用程式，充滿創意貼圖、表情包的愛。

真正的愛，是一種感動、會讓你熱淚盈眶。那是 Google、Facebook、IG、抖音無法給你的，這個世界，愛確實無所不在。

這又是一個極度匱乏愛的世界。這種匱乏集中體現在一個很嚴重的現象：越來越多人缺乏愛的能力和渴望，甚至不把愛，當成是人生中不可或缺的要素。我們不知道，該怎麼處理、面對我們的親密關係。

為什麼對於很多人來說，愛就是沉重的包袱乃至枷鎖呢？一方

面是因為，現在的人越來越孤獨，他們不想、也不會真正向別人敞開心扉。另一方面，現在的人也越來越無聊，他們能夠承受的最大限度的精神強度就是臉書、IG 和抖音，然而愛這麼濃郁的精神體驗，甚至強烈到讓人神魂顛倒、不能自己，所以很多人根本無法承受、甚至避之不及。

我們來到這個世間，唯一扮演的角色就是愛。愛要怎麼扮演，你會演嗎？你演得好嗎？

有的人扮演起恨、有的人扮演到討厭、有的人演出了放棄、有的人則扮演了逃避、當然也有人演了攻擊。可我們來這世間都沒有這些角色，我們唯一的角色就是愛。

人生漫漫，歲月悠悠，我們每個人扮演的角色是愛，我們要讓愛充滿四周，我們要懂得給予源源不絕的愛，你覺得你會怎麼扮演？

愛是豐盛。不論誰從豐盛中取出豐盛，豐盛依然豐盛，這就是愛，從來不匱乏。

愛裡面包含了幾個元素：孤獨、迷惘、貪婪、辨識、痛苦、懷疑、勇氣、信念、練習、自律、快樂、重生、感恩等等，不會扮演愛的原因，是因為我們不懂這些元素，所以我們給出去的，不是愛。我們受到外在世界的控制，給出的全是恨、是憤怒、是仇視、是對立、是攻擊，是主觀狹隘扭曲不完整的愛。

我們都願意在菩提樹下打坐，為什麼要在菩提樹下？可以成佛啊！是啊，但為何許多人在菩提樹下打坐，不但沒有成佛，卻成了一尊石頭。他的心，變成了鐵石心腸。

徒勞、枉然，該打坐的地方不在菩提樹下，是在這裡！在你想

要的任何地方。

關於現在就去愛、就可以愛，不需要鋪陳、不需要前戲，愛的來源在你的身體內，你說開始就開始。或許你還在覺得你不能跳脫父母親對你的控制，還是不能夠逃脫你家人、主管、公司、朋友對你的控制，可心裡面哪怕只要有一點點鬆動關於否定他們的意念，其實這樣就夠了。你不必昨天還恨著，今天就要愛，只要能夠稍稍鬆動那些抗拒，那就代表你正在前進。控制脫鉤絕對不是特效藥，它不是今天過後，一回去馬上就好，這種都是邪教。

我們一輩子都會想辦法讓身邊外頭那些人愛我們，但我們還是不快樂。你如果懂愛，去感受它，把它找出來。愛在我們體內，你只需要走向內在，所有你需要的豐盛體驗就在那裡。無須條件，更不用交換。

修練，不在道場，你足跡所到之處，無不是聖域。

4. 誰還記得，是誰先說，永遠的愛我

「記憶」大多時刻都是聽從內在自己的吩咐和指揮的。比如我現在要想起什麼事、什麼人，記憶就把相關的資料，從內心世界的某處搜尋出來。內心世界是一個巨大而無限開闊的空間，它大到不能再大，它更像是座迷宮，一不小心就會迷路。我們真正探索到的，僅是這無邊際宮殿裡的冰山一角，也只有內心世界有這樣的力量，將小小的空間擴展成恢弘富麗的無邊際宮殿。

你如果都不記得了，怎麼會知道你忘了？但如果你還記得，那你到底是忘了什麼呢？

「一個婦人丟了一文錢，點了燈四處找尋，如果她忘了、記不起這文錢，一定找不到。因為即使找到了，她也認不出這個就是她丟的那文錢，她都不記得了不是嗎？。」

這個例子聽起來挺有意思的，於是你就會問，這個婦人到底忘了什麼呢？「丟了」和「忘了」是兩碼事吧？她是丟了，而非真的忘了，都忘了怎麼還會記得有這文錢並著急地回頭找呢？看到了也不會知道這是她的錢啊。

那些身外之物可能「丟了」、「找不到」了，如果你還記得這些身外物，就有機會把它們找回來，除非你刻意丟了，不想找回來。但「內心之物」呢？那些印象呢？概念呢？這些記憶深處的點點滴滴，在心裡也沒有什麼東西能夠真正、徹底地「丟失」或「遺忘」。因為一旦你說出「我忘了什麼什麼」，這只說明了你其實根本沒有忘記，你始終都記得，只是那個印象和觀念暫時被隱藏在記憶的某個角落了，畢竟這內心世界的宮殿實在太大了，得花一些時間才能找到。

記憶在時間的長河中，把不同的印象、觀念、情感串連在一起，「凝聚」、「彙整」成一個「現在的我」。也正是記憶不斷拓寬著認知的邊界，用內心的光芒驅除著遺忘的黑暗與陰影。

我在課程中，花了許多時間在探討記憶。記憶不是一種需要被治療的「熱病」，它是內心的光源，是內在自己的動力，是維護心靈健康相當重要的生命源泉。

看看現在這個社會，有多少人根本不記得自己曾經充滿愛的樣貌了。如果你真記得愛的樣貌，你早已經是豐盛、是黑暗中的一道

光，而非充滿匱乏，甚至成為瘋狂的狀態。

　　這些人在外在世界裡四處流竄、一身油膩習氣，但他們嘴上可以掛滿愛、說著要為這個世界做出貢獻、提倡正能量，你從他的言談間會發現他的眼神裡確實沒有愛、沒有歡笑聲、沒有小時候、沒有父母親、沒有親朋好友，他們應該真的是忘記了愛是什麼了。既然是忘了，是不是像極了那位忘記自己有一文錢的老婦人？就算我們幫助她找到了一文錢，她根本不會知道那一文錢就是她的，她不會為了這失而復得的一文錢感到開心，因為她真的不覺得這一文錢是她的。

　　所以請你仔細看，這些大談愛、消費愛的人，不過是一場充斥著正能量的手段與表演罷了。若他記得愛是什麼，又為什麼會讓自己在這外在世界四處流竄，一身油膩習氣？

　　關於愛，不是現在才開始學習，而是與生俱來就在我們的內心。我們如果真不記得內心深處有著那份愛，那麼現在開始學習的愛是什麼愛？哪一定就是愛嗎？你根本不知道那是什麼東西，你不認識內心那份滿滿的愛，又怎樣去愛？但如果你記得，又何必學，你一看就知道那是屬於你的，它一直都在你心中，所以你一直都知道愛是什麼，你從沒忘記它，我不知道你過去經歷了什麼事，你只是刻意丟了，不想找回來，這意味著你把自己也丟棄了。

　　釋迦摩尼佛在大徹大悟、活出生命獲得自在後給出了一個結論：「人即是佛」、「心、佛、眾生三無差別。」放下屠刀立地成佛，只要你願意放下，喚起心中的那份愛，你並沒有忘記，你其實都記得，主動喚起了心中的那份愛，你再次感受到滿滿的感動，愛是豐

盛，人人都是佛，大概就是這樣的意境。

　　你會在內心世界裡遇見愛，那是一份無條件的愛，滿滿的感動。在那一瞬間，你全記起來了！你再次與愛連結，充滿能量；你伸出雙手、環顧自己身體，你看到自己身上充滿著愛、散發著光。

　　記憶，是一個人開始探索內心世界的起點。當我開始回溯記憶之時，我沒有忘記光，所以我找到了光，一看就認出它來。許多人到了一個年紀，他的記憶裡全都是不堪、醜陋的，於是他將愛給封印了，他真不記得了這些愛嗎？找到過去愛的記憶，才能再次解除封印、啟動愛。你的人生將重回愛的懷抱，愛的強大之處在於：它是敞開、是傾聽、是面對、是包容、是祝福，是讓內心世界進一步站到真理的光亮之中。

　　愛，讓一個人身上散發著光芒。這樣的人一旦出現，總是閃閃發光、由內而外透射出來。

　　誰先說愛誰的又如何？只要你記得愛，你就會從愛裡走出來去愛人，這樣的愛才能持久、圓滿、信任，充滿幸福感。

　　我愛你們，你們總是讓我感到滿滿的愛。

Topic 14

感　恩

Topic 14

恩想

感恩，原是一件極為簡單的事情，但如今，感恩需要被大量提醒，甚至淪為一個口號。

「感恩永遠在飯桌上，飯桌上的感恩讓所有人慷慨激昂、痛哭流涕，下了飯桌之後就沒有感恩這回事了。」

真正的修行是學著在各種條件下去感恩，不是閒著沒事、心情好了、身處順境的時候才大談感恩。

感恩的人，人生將一路平坦，我們會有阻礙，是因為心中不夠感恩。

案例 86 歲的啞巴拾荒奶奶

2017 年，我在大陸福建三明這個城市旁的一個小村莊等著朋友來接我，但朋友有事耽擱了，請我可否叫車先回酒店休息。該死的是這裡太過偏僻，車不好叫，我只能靠直覺往馬路的某個方向步行前進。

但天氣實在是太熱了，在這將近四十度高溫的路上行走真的不是開玩笑的，我走了一個多小時，走到一身火都來了，身上的水也喝完了，口乾舌燥，索性蹲坐在路邊不走了！

我兩隻手放在膝蓋上，只覺得好像來到了沙漠，眼前海市蜃樓，熱到我看不清楚。沒多久，不遠處有位身型彎曲駝背的老奶奶緩緩沿著馬路邊朝我這慢慢靠近，她在我面前停了下來，我看了她，是位拾荒老奶奶，我沒有起身，只是抬頭對著她微笑點了頭，她比手畫腳著，然後從身後一大袋垃圾裡面，拿出了一瓶水，示意要我快

喝水，然後對著我笑著離開了。

　　拾荒老奶奶身上肯定不是太乾淨的，味道又重，當下的我熱到全身濕透、又找不到回酒店的路，正處在一種狼狽的狀態，我接收了老奶奶的好意，但沒有再多說些什麼，一心只想找到路，趕緊回酒店把身體洗乾淨。

　　她走了離我一百多公尺後，我聽到後面有戶人家的鐵門拉開，有人走了出來，我趕緊跑去問路，我的酒店到底要往哪裡走。

　　當地人最後說到那位老奶奶 86 歲了，必須靠拾荒過日子，天天都會經過這條路，她是個啞巴，不會說話，她的兩個兒子早些年一個生病、一個意外，兩個都先後離開她了。

　　「**我教別人慈悲憐憫，她卻身體力行。**」這就是我當下的感受，羞愧、難受。

　　我向前追了上去，我再仔細看了老奶奶，她身上背著一整袋的塑膠瓶，我拿出皮夾，跟老奶奶說我要跟她買，我把身上僅剩的四十幾塊人民幣給了老奶奶，我跟她說：「這些錢給妳，跟妳換那一袋。」她很開心，卻只收了我三塊，其他不跟我拿。她的意思是說，不用這麼多錢，這一袋只要三塊就夠了，我堅持把所有的錢都給老奶奶，我伸手握著她的手，她則摸了我的頭，她大概覺得我是天使吧，我實在無地自容。我從老奶奶的眼神裡看到了愛與感恩，離開前我張開雙臂緊緊的抱住她，我祈求老天爺讓這位身體力行的善良天使平安健康。

　　我把整袋的塑膠瓶拿去給剛剛問路的那戶人家，請他幫個忙，明天如果老奶奶又經過這的話，把這一袋放在門口讓老奶奶拿走吧！

案例　貴州偏遠地區的小孩

2016 年，我隨著學校去了貴州偏遠地區，我在那邊待了 7 天，面對十多個孩子，這些偏遠地區的孩子多數沒見過自己的爸媽，全是隔代教養，都是爺爺奶奶照顧的，在生活貧瘠的環境下，眼神卻是清澈樂天。

在一條山路上，一個 4 歲的小男生，時不時的回頭看我，這些孩子們聽得懂中文，但主要還是講貴州當地的方言，他怕我迷路，叫我要跟上，他一直對著我比著左邊右邊，每走十步二十步就會回頭看我一次。

另外一個 11 歲的男生，不會寫自己的名字，他的奶奶告訴我這孫子特別喜歡我，我來的前兩天發現他會一直偷看我，在我身旁跟前跟後。他很安靜，我一看他他就跑掉。我後來把他抱了起來坐在我腿上，我在他耳朵旁跟他說，我還有 5 天就要離開了，我現在教你寫你的名字，希望離開前你可以學會寫自己的名字，你已經 11 歲了，至少要認得自己的名字，以後人家問你是誰的時候你可以寫給大家看，你說好不好？原本很抗拒寫字的他，點了點頭。

他躲在小教室開始練習寫字，還跟他奶奶說他想上學唸書，在這之前他連筆都沒拿過。

隔天，我隨著這群小朋友到溪邊，那是我們全部的人洗澡盥洗的地方，我跟這些孩子們在溪裡玩的不亦樂乎，全部上岸後，我從包包裡拿出從台灣帶來整大包的七七乳加巧克力，發禮物嘍！十幾個人瘋狂尖叫的拿禮物，我被孩子們壓倒在地，一群孩子一個接一

個的壓上來，我趴倒在地上，臉頰貼在泥巴地上，除了孩子的嬉鬧尖叫聲，我從人群的空隙中，抬頭看見了準備下山的太陽，那陽光照射在每個人身上，此刻的我，內心一股悲傷的情緒上來，我抱著這一群孩子，除了難過，更多的是感動。

　　真的很感恩學校、感恩老師給我這個機會一起前來，這真的太有意義了，我應該再多帶一些食物過來的。

　　我的行李裡已經沒有任何東西可以給他們了，在我認為沒有任何東西可以給他們而感到懊惱的當下，老師在我身旁提醒了我：

　　「你還有一顆心啊，一顆充滿愛的心，這不也是你來這裡的初衷嗎？你帶來的食物發完了，你還可以送愛給他們。他們要的是愛，不論你給他們任何有形的東西，效果都不會強過一個人的愛心。」

　　是啊，去付出愛，去感恩他們。

　　我感恩這個世界帶給我的一切，好的、不好的，我都感恩。

「感恩」定義

定義一　感恩具有過濾與吸引的功能

　　因果法則是宇宙第一法則：種瓜得瓜，種豆得豆，了解因果法則，在生活裡只要遵循這法則，將會引發你想要體驗的所有事件。因果法則是加倍奉還的，你給予別人什麼經歷，在很快的時間也會親身體驗一樣或類似的情況，而且你得到的會是原先給人的好幾倍。

感恩是因果法則的最佳見證者，它本身具有過濾與吸引的功能，幫你過濾掉負面的情境與痛苦的事件。

你連祈求都還沒提出，就擁有你祈求的事物了，這就是感恩強大的吸引功能，你的感恩會吸引你所感恩的事物朝你前來，結果已經蘊含在感恩之中了。

定義二　感恩是接受與體驗的第一步

生命的一切都是禮物。每個人、每件事、每一刻都是禮物，只是我們拒絕接受這份禮物，才沒有收到送給我們的禮物。所謂的好運都只會降臨在感恩的人身上。

你所感恩的人、事、物會向你披露它帶給你的禮物，為你效勞。對過去、現在、未來的每件事情感恩，接收這些發生，這是自我發現的最佳方式，你會體驗到奇蹟。

關於感恩的觀點，你可以透過以下的思考與理解來拓寬你的認知邊界：

1. 感恩是宣告美好的到來

一個懂得感恩的人，常把感恩放在心上、掛在嘴上、握在手上的人，運氣都不會太差，他在說出感恩的當下，美好的時刻就要來臨，感恩就是宣示與擁有。

我們往往過份強調自己所遭遇的痛苦和不幸的經驗，卻忽略了我們所得到的幫助，和他人對我們的關懷。

我們經常耿耿於懷沒有得到的事物，卻忽略了我們已經擁有的

一切，這讓我們感覺生活在匱乏之中。

當我們將焦點放在自己所缺乏的事物時，身上的能量場就會不斷幫我們吸引更多的匱乏情況。而當我們將焦點放在我們所獲得的一切時，我們的心就會充滿感恩，就會吸引更多如你所願的事情。

感恩是因為他人給了我們看見自身價值的瞬間。

如果你感到痛苦，就更要去幫助他人。為什麼？因為幫助他人，其實是在幫助自己。你以為你在幫助他們，但其實是對方正以一種助生存的角色讓我們看見自己的價值，這就是最大的收穫。

生活中，只要能帶給你一點點的啟發或收穫，不論是一個人、一頓飯、一篇文章、一場演講、一陣鳴笛、一個事件，我們都可以為此感恩。因為這些幫助拓寬了我們的認知邊界，解開了我們長達幾小時到數年、甚至是一輩子的困惑，這是無法用金錢衡量的。

在生活中實踐，你將成為一種具體的存在。效法，身體力行，生活無處不感恩。

2. 最高級的善良，是心疼他人生活的不容易

我有一位學生，在外商銀行擔任副總裁，位高權重。

我看到他在臉書上發了一條訊息：「這幾天天氣越來越熱，請大家不要隨意亂丟垃圾，很多環境衛生的工作者都是六十歲以上的老人……」

基於好奇，我還是問了他怎麼會有這樣呼籲的舉動呢？他說，小時候家裡很窮，兄弟姊妹多，父母都是沒受過教育的鄉村人家。每天凌晨兩三點鐘，母親和父親便起來烙燒餅，然後父親騎著自行

車去賣。就是靠著賣燒餅賺的錢，供全家人吃住，他們兄妹幾個也都上了大學。

小學五年級的一天早上，他父親摔著弄傷了腿，腰也疼，騎不了自行車，母親就讓他騎自行車去市區街上賣燒餅。外面下著小雨，他問母親，這樣的天氣會有人出來買早點嗎？母親看了看外面，雨緊一陣緩一陣，看上去不像要下大雨的樣子，就說沒事，一會兒你到市區雨就停了，快去快回，別耽誤了上學。

他騎上車去賣燒餅。

才騎走到城裡，雨一下子大了起來，他推著自行車在一個大樓的門口躲雨，心裡著急得要命。從六點等到七點多，雨慢慢小了，可是也錯過了賣早點的最好時機。他拿雨衣蓋著燒餅，自己冒著小雨推著車子沿街叫賣，走了近半個小時，一個燒餅都沒賣出去。

他真的無法像父親那樣沿途逢人叫賣，原來只是張開口這麼簡單的事情，竟是如此的不容易，父親怎麼做到的？多希望這場雨就這樣越下越大就好，可又想到這滿車的燒餅全是父母親半夜起身一個一個烙出來的。眼看上學就要遲到了，他微弱的叫賣聲裡帶出了哭腔與恐懼。

一位掃大街的阿姨正好路過，深深看了他一眼，問：「孩子，怎麼不去上學啊？」

他懊惱地說：「一個燒餅都沒賣出去，不敢回家，我怕媽媽會生氣。」

這位阿姨把口袋裡的錢全都掏了出來，說：「我這些錢你看看夠買多少，孩子們都愛吃，正好家裡沒早點了。你趕緊上學去吧，

好好讀書將來才有出息。」他特別感動，一路哭著回家，爸媽看到燒餅都賣完了，開心的笑著。他接著開心的帶著弟妹一起上學去，沿途上，第一次感覺到心裡頭暖暖的，人間真有天使。

他說，其實那位阿姨只是位清潔工，收入也不高，卻傾囊而盡幫一個陌生的孩子。

一個人最高級的善良，就是能看見別人的苦，會生出慈悲之心。

這些年，他心頭一直放著阿姨那句話：「好好讀書將來才有出息。」他懂得，那是一位長者對下一代人的心疼和期許。

後來，他考上大學，出國唸研究所，又走到了現在的位置。

每次在街上看到那些為了生活打拼的工人，就想起當年那位素不相識的阿姨。他只是帶著感恩的心情，希望人們不要亂丟垃圾，給他們減少一點工作量。

所以你看，愛是會流轉的。施及別人，終會惠及自身。人生路上，誰都可能會有雨天沒帶傘的時候。你幫別人打了傘，日後有雨落在你身上時，也會有人替你撐起一把傘。如果說，聰明是一種天賜稟賦，那麼善良則是一種價值選擇，為與不為，一念之間，放下屠刀，佛性早在你心中。

願我們都能選擇做一個善良的人。懂得感恩，看見他人處境的艱難，願意伸手拉一把。哪怕只是一個微不足道的善舉，也能照亮低谷裡的人；哪怕只是點滴的溫情，也會給這個世界帶來無邊春色。

你給了他人溫暖，自己也將不受風寒。一個人，心疼了別人，最終，也會被這個世界善待。

最高級的善良，是心疼他人生活的不容易。身體力行，實踐感

恩，把愛傳出去！

3. 眼裡長著太陽，笑裡全是坦蕩

　　心理學的研究指出，感恩能有效地增加幸福感及正向情緒，並減少沮喪感。感恩所帶來的幸福，是更持久、可延續的。感恩讓我們的過去有了意義，為今天帶來和平，為明天創造一個願景。

　　單一的「感恩」，對於個人的影響是很小的，但是累積的影響卻是巨大的，正因為如此，我們才要將感恩的門檻降到最低，凡事都能感恩。

　　我還有很多東西要學習，但是**我可以肯定地說，我的日常感恩習慣已經改變了我的長期幸福感**。

　　養成感恩的習慣後，我們或許會意識到，金錢、物質對於幸福的影響力並沒有那麼大。大部分的幸福其實很簡單：與朋友和家人共度的時光、他人對自己的稱讚或幫助、工作愉快順利的一天……等等。

　　「感恩」幫助我們了解到，自己擁有的東西比我們想像的更多、更美好。春有百花秋有月，夏有涼風冬有雪。過好自己的生活，原來就是一種幸福。

　　我在廣州念心理學研究所的時候，在學校附近的社區街道裡，意外發現了一對中年五十多歲的夫妻所經營的一家書店。夫婦倆平時都喜歡坐在桌前看書，各自忙自己的事。我很愛去那裡看書，因為鬧中取靜，不受打擾。有一次店裡沒什麼人，我和老闆就這麼聊

了起來。

　　他們夫妻倆念同一所大學，畢業工作了幾年之後，再度相遇相知相愛，婚後沒幾年，總覺得現況不是他們想要的生活，於是倆人就開了這間書店。

　　雖然有時候也會很忙很累，但基本能保障朝九晚五的生活，有更多的時間看書、也能掌握自己的生活節奏。我喜歡去這家書店的原因之一，是因為我從他們身上看到了知足與幸福。我認真的問了他們夫妻倆：「生活的這般幸福的祕訣是什麼？」

　　老闆說：「這些年，我和我老婆從來不會去羨慕別人光鮮亮麗的生活。反倒覺得現在這樣很棒，能做到『活好自己』就是本事了。你瞧，我們可不也悠閒但又充實地過著每一天呢！」

　　是啊，幸福的祕訣就是努力過好自己的生活。

　　追自己所尋、走自己的路、過自己的人生，真正的幸福其實就在每一個當下。一個人最好的生活態度，也許就是如此。我最後要離去前，老闆特地喊了我一聲：「喔，還有，我老婆剛提醒我，最重要的一點是，**凡事感恩，這才是幸福的來源！**」

　　我轉頭向他們道謝，黃昏的陽光灑進了整間書店，我看著他們夫妻倆，感恩的人總是眼裡長著太陽，笑裡全是坦蕩。

　　懂得守住自己的初心，願意相信美好，珍惜當下，一切感恩。

　　你怨天尤人，最終可能一無所有；你感恩生活，生活將賜予你燦爛的陽光！

4. 完成你的作業：送出祝福

送出祝福就是你的人生作業。

感恩的人才能真心送出祝福。那份力量很大，足以瓦解我們生命中的控制框架。你送出祝福的時候，那些框架就瓦解了。

我要如何才能改變自己？我其實很難回答，每個人都有屬於他自己要的答案，如同書中一開始說的，我不是要知道，有沒有誰可以教我如何面對與擺脫。

如果真要學會如何面對與擺脫，最有效的方法自然是從源頭處理了。唯有拓寬認知邊界，重新設定，換個不同的想法，後續行為與各種關係上的碰撞，就是後話了。

想法的改變是立即而快速的，會帶動全身能量的震動。如果你真想面對與擺脫，試著在這本書上，找到你可以理解的論述，讓這論述成為你認知思考上的支撐點。支撐點一旦成立，認知想法就能鞏固，接下來每一次的與人互動，每一次腦袋閃過的念頭、每一次做的選擇，每一次用心交會時，都是在拓寬認知邊界了。

以上的主題、案例、定義、觀點，你可以套上你自己的事件，成為你獨一無二的生命故事。

來自世界各地的學生跟我分享，在他們的認知邊界拓寬後，很神奇的是，看待人事物的角度就這樣瞬間改變迎刃而解了，「認知」就是我目前找到的問題源頭。

這些主題、定義、觀點帶領你在認知上的拓寬與提升是潛移默化的，此刻的你，心裡不論是正處在怡然自得的平靜，還是有著淡淡的哀傷，當你思考到你的思考時，你已經認知升級了。

請給細胞
一個好的生長環境

想想看，這些是不是我們生活中很常遇見的問題與情況：

1. 公司每個月都在提高大家的業績……
2. 我女兒每天都不知道在幹嘛……
3. 我老公對我越來越冷淡了……
4. 我這麼做都是為你好啊……
5. 我爸媽永遠支配介入我……
6. 我男朋友要跟我分手……
7. 為何有這麼多流言是非……
8. 我很想換工作，但是……

我們的生活沒有一刻是悠閒自在的。你想輕鬆，周圍的人也不見的會放過你，真的是受夠這些控制了。

我們的細胞只會越來越不健康，這就是為什麼現代人的身體都是酸性體質。在這樣環境下長大的細胞，要怎麼才能健康？心理因素深深地影響了生理健康，每天都在處理這些問題，生活中無所不在的控制，讓我們體內的細胞沒有一天安寧，烏煙瘴氣的。

請給細胞一個好的生長環境，認知升級就是體內環保、改變環境的第一步（如下圖）。

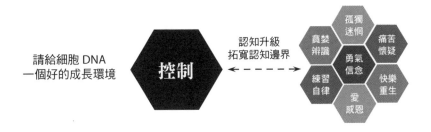

一個人身上的細胞是不是中毒，是不是已經生病甚至成了重症病患，你只要跟他聊上兩句，大概就可以知道。

曾經有一個女孩子跟我說：「我在銀行工作了 16 年，我真的超級想換工作。」

我說：「那怎麼不趕緊換呢？」

她說：「我就很懶啊！」

我說：「喔，那就不要換了吧！」

她說：「但這家公司真的太糟糕了，整個體制除了數字還是數字，根本沒管員工的，再不換我都快死了！」

我說：「那你就快點換啊！」

她說：「算了，再看看好了！」

我就說：「那妳還是死在公司好了！」

她就說：「哎，你怎麼可以詛咒我啊？」

我就說：「這不是妳剛剛自己講的嗎？」

是不是很有趣，這樣的人滿街都是。星巴克、麥當勞裡全部都是這類人，這類人其實只是嚷嚷，真心沒有打算要跳出這樣的控制，你的語重心長在這類人的人生長河裡面起不了多大的作用。我幫不了他們，他們聽不出來自己的話裡全都是矛盾，我被這一群人調戲了十多年，早已免疫有抗體了！

這樣的矛盾，當事人聽不出來、閨密們聽不出來、朋友們聽不出來，大夥們還會一起玩這個遊戲，搞不清楚這一群人的對話邏輯，而閨密或好兄弟們，卻永遠支持你那種很有問題的認知、很有問題的想法。

「妳老公真的是渣男,很可惡!竟然還動手打人,是我就直接離婚了。但想想又覺得,這樣的老公其實也不錯,還是別離了吧!」

「你現在所處的公司真的是很誇張,簡直是壓榨員工的地方,能離開就趕緊離開!但想想,現在不是太景氣,其實有份工作又沒有什麼壓力,還是先待著吧。」

「妳的小孩真的要動用武力才行,我看這孩子整個無法無天了!但想想,其實孩子可愛的時候也挺討喜的,每個孩子都是來磨練父母親的,用打的可能會造成孩子一輩子的陰影耶。」

看看,一群瘋癲的人!

我們的細胞的確需要一個健康的環境,所以,你的想法健康與否,決定了細胞的生長環境是否健康。

生活中永遠不缺修練。當問題來臨時,透過這 14 個主題、28 個定義、56 個觀點,拓寬我們的認知邊界,認知升級,控制「心流」,我們才能真正控制脫鉤。

「孤獨」對我們在認知上最大的升級就是「喚醒」

若沒有孤獨,如何喚醒我將關注點回到自己身上,也喚醒我去意識到自己是多麼的與眾不同;喚醒我存在於這個世界上的某個位置,也喚醒屬於我自己的自我感。喚醒我所經歷的一切。

我不再感到孤獨,而是將過去不為人知、獨自經歷的事件,在我允許的情況下,給予更多像我這樣走在這一條少有人走的道路上,不因孤獨而裹足不前。在孤獨中,開始找到自己的價值。這一切,都因為孤獨讓我的生命變得特別有意義。

「迷惘」對我們在認知上最大的升級就是「專注」

沒有人喜歡迷惘，迷惘到了最低點，反作用力一旦出現，是多少人渴望的全神貫注啊，這樣的狀態將帶領自己的生命做出反差。

誰的人生不曾迷惘？迷惘，讓我們開始思考，並重視內心世界的存在，我們卻不曾好好了解過它。迷惘讓我們有向內挖掘的力量，專注得以擺脫內心世界的陰影和諸多控制。迷惘是刺痛的，但也因為這份刺痛，讓我們成為我自己，專注苦練，才能笑看磨難。

「貪婪」對我們在認知上最大的升級就是「超越」

生命至今為何沒有太大的轉變？無法超越是因為欲望不夠強烈。然而，想要超越外在世界人生目標的滿足，就必須做到內心世界的超越。向內超越，才能真正讓外在世界超越。

「積極」會為我們的人生帶來不同於以往的變化，是因為「貪婪」開始從內心世界展開超越，釋放昇華成一股力量，成為由內而外推動生命的動力。你有多貪婪，你的積極力量就會使你的人生目標越快獲得。

「辨識」對我們在認知上最大的升級就是「行動」

想要控制脫鉤，你一定要擁有辨識的能力，而後才是行動，具備德性的行動。辨識是屬於你自己一個人的事情，不應該有其他東西參雜進來。行動也是如此，不是莽撞行動，而是弄清楚自己的目標。你此刻的位置，恪守本分，展開行動，堅定的前行。

關於夢想，心之所嚮就快去執行。沒有了辨識，你所有的行動都沒有意義了。不管線索再細小，這已足夠讓你從起點出發了，其餘的線索，會在你前進時自動出現。如果你不回應第一個線索、跨出第一步，那就到不了下一步。辨識，就是最棒的回應，讓你一步步地展開行動。

「痛苦」對我們在認知上最大的升級就是「面對」

如果有人對你說，你做人失敗，很多人都不喜歡你，你痛苦難受極了，難不成要跳樓以示清白嗎？當感到痛苦時，用面對來取代反應。感到痛苦是在提醒著我們，該是充電學習的時候了，多棒啊！「哦。」是感到痛苦的時候，最好也最簡潔有力的反應。一笑置之，面對它，而非急著反應。

真的痛苦，那麼就給自己一個瞬間的直觀，看清楚自己的本事。面對不是認命，而是知道該從此刻的狀態去創造。

「懷疑」對我們在認知上最大的升級就是「臣服」

懷疑不是檢視他人、不是排擠他人，而是站在好奇的起點，接納自己的不足。進而學習，進入無知的領域，然後不懷疑，我們才有機會看到背後更多的知識。懷疑，是要懷疑到自己的思考點上，懷疑自己的思考哪裡還有缺失，去找到內心中那一個大魔王到底在哪裡。透過懷疑，才能看見自己的存在，不論是我思、還是我錯，懷疑會讓你看見自己的存在。

降妖除魔，打怪是一輩子的修練。看到外在行為，心生批判；

看到內在動機，心生慈悲。懷疑的過程，不是為了要證明什麼，而是學會謙卑，敞開內心，開始臣服，才能化解大魔王在我們身上的層層控制。

「勇氣」對我們在認知上最大的升級就是「轉化」

大腦的功能是思考，它就是要你活下來。當你遇到怪獸時，你會開始判斷這怪獸是否會攻擊我？如果真遇到攻擊，該如何面對？勇氣，讓我們不斷的轉化。我們從小至今，不知經過多少打擊，身上的細胞都不知道進化到第幾代了，早已強大到不行。

面對挑戰打擊，勇氣讓我們越挫越勇。脆弱不等於軟弱，你沒有想像中的那麼脆弱，內心世界早已為我們轉化生長出反脆弱的能力。把自己獻祭出去，用以對抗這個世界的不確定性，勇氣讓我們開始慢慢體驗到生命的美好了。

「信念」對我們在認知上最大的升級就是「堅定」

這世界的誘惑與考驗實在太多，瘋狂無所不在，到處都是表演。我們已經懂得辨識，也展開行動，但總是意志不堅。唯有信念，才能讓產生堅定的力量，讓瘋狂無法再對我們控制干擾。

一個有信念的人，總是能堅定的知道自己在做什麼、處在怎樣的位置上。不害怕孤獨，更不畏懼瘋狂。心中有愛的人，就能像上帝一樣，允許假、惡、醜，這就是最大的真善美，才是人類最堅定的信念。

「練習」對我們在認知上最大的升級就是「分享」

練習不再只是關起房門，一個人操作著你從事的工作或學習。除了投入密度之外，「他人感受」才是練習最重要的因素。如果你的投入密度很高，可是他人卻感受不到你在做什麼，這樣閉門造車的練習，效果還是很有限。

不論你希望擁有什麼，先使其他存在者獲得，你便會開始大量擁有它。身體力行、與人分享，他人將對我們改觀，並給予莞爾一笑，這就是對自身最棒的療癒。你身邊就有大量的分享機會，在你決定開始看見這些機會時，才能看得到它們。去大量練習吧！透過練習，讓我們可以成為療癒他人的分享者。

「自律」對我們在認知上最大的升級就是「利他」

自律的人，總是知道自己在什麼位置、扮演什麼角色。他明辨是非，懂得輕重緩急；他有一定的格局，總是能保持在一定的狀態。這樣的人，會尊重自己的選擇，欣然接受選擇後的結果。不會高喊著熱情的口號，最後卻半途失蹤、諸多藉口。

你不用擔心他會有什麼突發事件，他只會帶給單位、組織、團隊、群體更大的和諧，卻從不讓人擔心。他的存在，就是一種利他，這就是為什麼自律總能為他人貢獻最大的利益，利他而後利己，為我們的人生帶來最大的逆襲。

「快樂」對我們在認知上最大的升級就是「完善」

片刻都不要想你多不快樂,或這個、那個令你不快樂。記住,你會變得跟你最常想的思維一樣。天天讚美別人,真心的讚美。快樂不是被動接受,而是主動創造。一個快樂的人,能夠邁向自我實現,更能在生活中不斷發展完善自身。

生活的目的,是學習與成長。這完全體現了快樂帶給我們完善生命的本意。真正的快樂,除了讓自己成為更好的模樣外,也讓我們在包容、認同、給予的本質上有更進一步的提升。

「重生」對我們在認知上最大的升級就是「創造」

生命最大的動力來自於「我要活下去」,創造給了我們再一次如獲新生的機會。創造,其實是一種由內而外、超越意識的心理活動,不只存在於你的思想裡。若真想讓生命不一樣,請你走入人群,張開口、邁開腿,開始從自身以外的對象、他人、別處那裡去獲得存在的支撐。

許多人已經好長一段時間都過著機械式的生活了,如果厭倦這樣毫無意義的生活,不想重複這樣荒謬的運動,那就擺脫這個控制吧!當你開始創造,便開啟了意識的運動,生命將得以重生。

「愛」對我們在認知上最大的升級就是「豐盛」

外在世界不行的,那就退回到內心。一個長期專注在內心世界的人,他將沐浴在老天爺普照的光芒之中。愛,是所有一切的源

頭,它就像太陽一樣,光芒四射,永遠充滿能量。在你記憶所及之處,去探索內心世界吧!當你越接近愛,你會知道什麼是豐盛,那是多到你根本想像不到,能為你創造生命價值的能量,隨時都準備好供你自由取用。

當你敞開心房,這世界所到之處也都為你而開。心中有愛,你將閃閃發光,活出生命。

「感恩」對我們在認知上最大的升級就是「擁有」

感恩的當下,等同於你向世界宣告你完成也擁有這件事情,美好已經來臨。感恩的人總是知足常樂。一個越是感恩的人,當他宣告直達天聽的時候,老天爺聽到了他的誓言,只會給他更多,而非停止給予。感恩的人,運氣始終比其他人都好。

人生目標不僅是外在世界的物質生活,更是既有和完成。你現在有在這目標上嗎?如果人生這一遭有使命、有作業的話,那肯定是心存感恩。送出祝福,這樣的人,眼裡全是陽光,笑裡全是坦蕩。

關於控制脫鉤,我從 14 個主題來探討,提出了 56 個拓寬認知邊界的觀點,以下的表格可以讓你更加清楚一目了然的看到本書的重點整理,希望這些主題及觀點能讓你有所收穫,並讓自己在生活中身體力行、每天練習。

總覽：如何提升認知升級

主題	你可以這麼思考與理解來拓寬認知邊界	認知升級
孤獨	1. 孤獨就是被強烈的被拋 2. 孤獨是終於對這個世界產生了問號的「自我感」 3. 讓呼吸的每一瞬間都要成為自己 4. 孤獨的存在：幫助他人不孤獨	喚醒
迷惘	1. 運用「挖掘」的力量來對抗這個冰冷的無情世界 2. 當生命發生迷惘，一個人才會願意去面對消化陰影和黑暗 3. 我們真正需要的不恰恰就是這樣一種刺痛來成為我自己 4. 苦練 72 變，笑對 81 難	專注
貪婪	1. 人都想要讓自己過得更好，學習學習再學習 2. 貪婪是推動生命和社會發展的動力 3. 浸淫在貪婪的體制裡啟動力量，釋放、轉化、昇華 4. 這是新一代的骨董，比骨董還值錢？	超越
辨識	1. 辨識最後一定要落實德性的培育 2. 掙脫外在世界的鐵的法則，為這世界增加一抹獨特的色彩 3. 任你驚濤駭浪，我心自崩然不動 4. 辨識就是在進行治療	行動
痛苦	1. 肉體是痛苦的根源：主動招惹了誘惑 2. 再等一會，真的會沒事，忍住 3. 給自己一個瞬間的直觀 4. 我是指揮家	面對
懷疑	1. 只要有可疑之處，一開始就要被扔出去 2. 該是懷疑你自己的感受的時候了 3. 不論我思還是我錯，我都會在 4. 讓控制來得更加凶猛些吧！我扛得住！	臣服
勇氣	1. 心理風暴→心理癱瘓→心理任性／韌性 2. 醉起來，把自己獻祭出去，交給更宏偉的意志 3. 承認脆弱與平凡，才是真正的強者 4. 我不是燈泡，我是太陽	轉化

主題	你可以這麼思考與理解來拓寬認知邊界	認知升級
信念	1. 信念本身就是震懾迷惑的力量，是瘋狂的天敵 2. 控制瘋狂，自己也成了囚鳥 3. 信念是自顧自美麗，越看越歡喜 4. 像上帝那樣允許假惡醜，這就是最大的真善美，最大的信念	堅定
練習	1. 戒掉癮頭：日常施虐／日常受虐的過度辯護基因 2. 想到某件事可能發生，你就已經想太多 3. 不是同情，請對我莞爾一笑 4. 重返孤獨：一個人有意識的練習	分享
自律	1. 自律是正義的化身，讓他人獲取恰如其分的利益 2. 樂意它，是要它本身，而不是要它的後果 3. 不是飄浮的蒲公英，你已占有一席之地 4. 直觀太陽：讓你的生命整個地大轉向，發生天翻地覆的變化	利他
快樂	1. 痛快的享樂不是快樂 2. 快樂是決定開始，而不是忽然有一天你會到達的某一種境地 3. 快樂是自我實現並不斷地讓自己發展完善 4. 實踐智慧，適當得體，不用力	完善
重生	1. 成見只是價值觀的對立，提醒我們的不足與未知 2. 超越意識，要從他所不是的對象、他人、別處哪裡去獲得存 在的支撐 3. 你是你的未來，你是自由的，做出選擇吧！ 4. 生活本身沒有意義，所以才要以「這個人」來創造意義	創造
愛	1. 讓自己隨時活在愛裡 2. 愛是一道光，如此美妙 3. 愛無所不在，但又極度匱乏 4. 誰還記得，是誰先說，永遠的愛我	豐盛
感恩	1. 感恩是宣告美好的到來 2. 最高級的善良，是心疼他人生活的不容易 3. 眼裡長著太陽，笑裡全是坦蕩 4. 完成你的作業：送出祝福	擁有

從細胞到充滿魅力的自己

「孤獨」和「迷惘」就像是一個人的心臟。

心臟喚醒了生命，然後繼續在它的位置上專注地跳動著。它串起我們生命的開端，支撐著生命發芽、茁壯，一直走下去。只要心臟還在，一切都有可能。

試想一下，剛結束了一輪的烤肉，一群人酒酣耳熱過後，烤肉攤的爐火冷卻沒有了生息，只要有一陣風吹來，爐火便死灰復燃，火花再現，沒多久一群人又開始了活動。

此刻的你，或許正處在某種絕望或難以承受的時候，孤獨、迷惘就像這爐火裡的火花帶來了光芒，也像是我們的心臟持續規律的跳動著。孤獨、迷惘會為你的生命帶來另一波高潮，喚醒你的意識，專注的將這股刺痛化為力量。

孤獨和迷惘、喚醒與專注，不迎合，不遷就，真切地感受聆聽內在的聲音，這何嘗不是一種自由！

「貪婪」和「辨識」就像是一個人的五官跟身上的氣味

我們的五官和身上的氣味，透露出一個人的習氣。看一個人的五官或身上的氣味，可以讓我們在第一時時間對他有了基本的認知。我們把時間花在超越什麼、做出怎樣的行動，五官跟氣味已經給出了答案。

心臟支撐著你的生命走到現在，但你的五官和氣味又讓你成了怎樣的人？一個貪婪的人，如果把時間都花在外在世界的超越，那麼他所能辨識的行動將不會是在德行之上，只是拿著夢想的大

旗去招惹他人，一身的習氣。

怎樣可以過好這一生呢？唯有貪婪地向內在超越。「成為善的」，就是最高的理想，讓辨識不斷趨向、實現這個理想，不斷身體力行，而非成為別人眼中心口不一的惡。

貪婪和辨識、超越與行動，眼裡寫滿故事、臉上不見風霜，多麼棒的習氣。

「痛苦」和「懷疑」就像是一個人的四肢軀幹

生活的不容易，確實讓我們感到痛苦。我們開始對自己產生懷疑，這樣的人生還能繼續下去嗎？當然可以！將你的雙手伸出來，放在眼前，好好地盯著我們的四肢及身體。瞬間的直觀，或許能讓我們真正開始面對自己的問題，將痛苦的成因與懷疑都回到自己身上。敞開心房，臣服，不再做困獸，四肢開始有了動力，一鼓作氣地站起身來，走出去，開始幹活了！

痛苦和懷疑、面對與臣服，心不動，風奈何？你不傷，歲月無恙。

「勇氣」和「信念」就像是一個人的力氣意念。

生命如果缺少了力氣跟意念，雖然心臟跳動，四肢健全，人生猶如行屍走肉一般。

勇氣，它會讓你從一個不利於自己的情況下，向上提升，轉化更勝以往；信念，則讓你所思所想更為堅定。信念強大的人，何懼瘋狂，恐懼是相對減少降低的。

勇氣和信念、轉化與堅定，每個輕鬆的笑容背後，都是一個曾經咬緊牙關的靈魂。

「練習」和「自律」就像是一個人的肌肉線條

你的身型有肌肉線條嗎？一個人的肌肉線條如果明顯，他肯定花相對多的時間在運作他的身體。你一定要有心臟跳動、也一定會有五官氣味、四肢軀幹也不可少，你也可以有強大的力氣意念，但你不一定會有明顯的肌肉線條，這相對困難，因為這需要後天養成。

有沒有肌肉線條是騙不了人的，一看就知道，想裝也裝不來。

在思想方面亦是如此，一個有在運作思考的人，他呈現於外的整體，就像是一個有在花時間運動帶來的肌肉線條一般，讓人一眼立即有感。練習和自律就是思考的肌肉線條。

練習，不是在家自己天馬行空的想，而是能夠將所思帶入生活、與人分享，也療癒了正在生活中卡關的他人。

一個有肌肉線條的人，背後一定是程度的自律，給人有一種安全感，總能把生活打點好，於公於私從不讓人擔心，這就是利他的表現，不帶煩惱給大家。

練習和自律、分享與利他，許多人都聽過很多道理，卻依然過不好這一生。真正的長跑者思維就是今天不想跑，所以才去跑。多練習，求自律，利他而後更利己。

「快樂」和「重生」就像是一個人的面容心性

一個人呈現於外的面容、心性若是給人帶來不舒服的感覺,絕對不是在面容或心性出了問題。可能在五官氣味的習氣、四肢軀幹走過的路、或者他的意念等,這些造就了一個人的樣貌。

快樂的人,知道怎麼讓自己實現完善。他知道如何在適當的時間展現自我,成為更好的自己;重生意味著,擺脫受控乏味的人生。當生命迎來了創造,在面容及心性上,自然可以看得出,對未來充滿著各種期待。

快樂和重生、完善與創造。你笑了,就快樂,面容、心性也跟著給人舒服。做出選擇,我將再次重生,為自己的生活主動創造並帶來意義。

「愛」和「感恩」就像是一個人的狀態魅力

人人都希望達到隨心所欲、不受約束的自在狀態,不知道你有沒有發現,我們都渴望自由,但卻處處受限。不論是財務自由,還是時間自由,或是行動自由,我們都有說不出的苦。

如果你想重獲自由、活出生命,一定得從內心開始。學會感恩那一刻開始,你就已經宣告擁有自由了。當你開始走進自己的內心,你會找到源頭,那就是愛,一個能夠與源頭的愛連結的人,他是充滿魅力的。

一個付出愛和懂的感恩的人,他的內心一定是具備強大的能量。這股能量,讓心臟繼續強而有力的跳著;五官氣味更是迷人芬芳;

四肢軀幹也同時健全的發展；力氣、意念更是強化了生命的前行；肌肉線條自然是凹凸有致。你可以想像，他的面容、心性肯定受人歡迎。這樣的人，早已成了人人稱羨的好模樣，這樣的狀態，怎能不迷人而有魅力？

　　愛和感恩、豐盛與擁有，用感恩的心，去面對周遭的人和事，你會發現，不是原諒了別人，而是救贖了自己。萬物皆有裂痕，只要心中有愛，那便是光進來的地方。

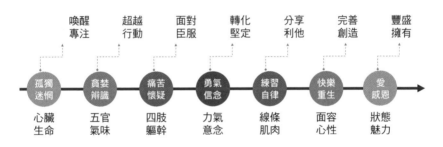

拓展認知邊界，控制「心流」，人生將不再受控制。

送給大家，共勉之

　　「唯有提升自身的思維、拓寬自身有限的認知邊界，完成認知升級，才能達到克服各種障礙的強大生命型態。我們才有力量，面對虛無思潮的熱浪襲擊。」

　　「不論施控還是受控，控制無所不在。如果繼續學習一味地用干預、介入的手段來達到控制脫鉤，拜託請你把這些錢省下來。」

「成年後的我們，對於自我覺察的缺失，不了解心理流動的概念，自然也無法覺察他人的心流。」

我們花了太多的時間及金錢，企圖透過這些外在、無謂、用力的控制來活出生命，為了成為一個更好的自己。我們什麼方法都試了：加入各種團體、組織、學習環境，然後繼續花更多的時間與更多的金錢，我們不斷進入各種的流裡面，最後被吸進漩渦。

「生命的確能在焦慮中成長，但更可以在覺察中快速超越。」

「包含我自己，都想要改變自己、改變某段關係或改變某種情況。然而，我們對自己失去了耐心，多半只是從表現著手，去管理、去控制或掩蓋自己所不樂見的事實。」

如果你真的想要控制脫鉤，也熱中接納各種方法，真心謝謝你將這本書看到了最後，我想送給你一個真正讓你駕馭人生、活出生命的黃金公式：**「由內而外的轉化。」**

期許這本書有稍稍拓寬你的認知邊界，為你帶來認知升級，達到控制脫鉤的目的，再次祝福你開始由內而外的轉化，最後成為你自己。

最後，我們繼續往下一階段前進：去服務、去貢獻、去助人，以及去愛。

控制脫鉤

游祥禾的 14 堂人生課，從孤獨到感恩，拓寬你無法擺脫控制的認知

作　　　　者 /	游祥禾
責 任 編 輯 /	華　華
封 面 拍 攝 /	林建佑 Brian Jyl
文 字 處 理 /	陳於庭
美 術 編 輯 /	葉若蒂
企畫選書人 /	賈俊國

總 編 輯 /	賈俊國
副 總 編 輯 /	蘇士尹
行 銷 企 畫 /	張莉滎・蕭羽猜

發　行　人 / 何飛鵬
法 律 顧 問 / 元禾法律事務所王子文律師
出　　　版 / 布克文化出版事業部
　　　　　　 台北市中山區民生東路二段 141 號 8 樓
　　　　　　 電話：(02)2500-7008　傳真：(02)2502-7676
　　　　　　 Email：sbooker.service@cite.com.tw
發　　　行 / 英屬蓋曼群島商家庭傳媒股份有限公司城邦分公司
　　　　　　 台北市中山區民生東路二段 141 號 B1
　　　　　　 書蟲客服服務專線：(02)2500-7718；2500-7719
　　　　　　 24 小時傳真專線：(02)2500-1990；2500-1991
　　　　　　 劃撥帳號：19863813；戶名：書蟲股份有限公司
　　　　　　 讀者服務信箱：service@readingclub.com.tw
香港發行所 / 城邦（香港）出版集團有限公司
　　　　　　 香港灣仔駱克道 193 號東超商業中心 1 樓
　　　　　　 電話：+852-2508-6231　　傳真：+852-2578-9337
　　　　　　 Email：hkcite@biznetvigator.com
馬新發行所 / 城邦（馬新）出版集團 Cité (M) Sdn. Bhd.
　　　　　　 41, Jalan Radin Anum, Bandar Baru Sri Petaling,
　　　　　　 57000 Kuala Lumpur, Malaysia
　　　　　　 電話：+603- 9057-8822　　傳真：+603- 9057-6622
　　　　　　 Email：cite@cite.com.my
印　　　刷 / 卡樂彩色製版印刷有限公司
初　　　版 / 2020 年 08 月
定　　　價 / 新台幣 300 元
I　S　B　N / 978-986-5405-94-6（平裝）

城邦讀書花園
www.cite.com.tw

布克文化
http://blog.sbooker.com